新生代 新业态

00后时代的商业机会

秦梽尊◎著

中国商业出版社

图书在版编目（CIP）数据

新生代　新业态：00后时代的商业机会 / 秦梽尊著. 北京：中国商业出版社，2024. 7. -- ISBN 978-7-5208-2947-2

Ⅰ．F036.3

中国国家版本馆CIP数据核字第2024UA9308号

责任编辑：郑　静
策划编辑：刘万庆

中国商业出版社出版发行
（www.zgsycb.com　100053　北京广安门内报国寺1号）
总编室：010-63180647　　编辑室：010-83118925
发行部：010-83120835/8286
新华书店经销
香河县宏润印刷有限公司印刷

*

710毫米×1000毫米　16开　14.25印张　170千字
2024年7月第1版　2024年7月第1次印刷
定价：68.00元

****

（如有印装质量问题可更换）

序

随着时间的推移，00后逐渐成为社会的重要力量。他们有着独特的成长背景、与众不同的价值观和行为方式，给社会带来了新的活力和变化。00后作为新生代的代表，备受关注和期待。他们的成长和发展，不仅关系到其个人和家庭的未来，还关系到国家和社会的发展。

时代变了，从工业时代到信息时代，再到移动互联网时代，从70后、80后、90后为消费主力到现在的00后引领时代消费观，社会经济环境发生了翻天覆地的变化。在这种变化之下，有的品牌退出了人们的视线，有的成了行业的龙头，在经受了时代的洗礼后，纷纷各归其位。

而为了满足新时代下00后的消费需求，推动新商业模式发展成为必然趋势。新商业模式从市场需求、产品结构、交易模式、用户体验等方面都与过去不同，这无疑给诸多企业带来了机遇与挑战。尤其是在对产品和服务的需求上，00后与之前的人们大不相同，而诸多企业也在朝此方向发力。

可以说，00后独特的消费理念，给品牌转型带来了巨大的机遇。在这样的背景下，企业需要紧跟时代潮流，及时打造新的商业模式，调整品牌战略，积极应对新生代消费者的需求和期望，以实现持续稳定的发展。

00后消费者必将重构商业新生态。00后消费者更注重个性化和独特性，他们希望购买的产品或服务能够符合自己的这种需求，而不仅仅是购

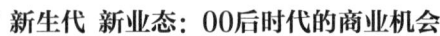

买到大众化的产品。因此，企业需要不断创新和推出个性化的产品或服务，以满足00后的需求。00后消费者对于产品的品质和体验有着更高的要求，不仅仅关注价格和实用性。这要求企业必须注重产品的品质和用户体验，通过提高产品品质和用户体验来吸引更多的00后消费者。

00后消费者更倾向于通过数字渠道进行购物或接受服务。随着数字化时代的到来，00后消费者的购物行为和消费习惯也与之前的消费者有很大的不同，他们更倾向于通过数字渠道进行购物或接受服务。因此，企业要加强数字化渠道建设，提供更加便捷、安全、快速的数字产品和服务，以满足00后消费者的需求。

00后消费者更注重环保和社会责任。随着社会的进步和人们环保意识的提高，00后消费者自然也更加注重环保和社会责任，愿意为环保和承担社会责任而买单。因此，企业需要注重环保和承担社会责任，多推出与环保和积极承担社会责任相关的产品或服务，来满足00后消费者的需求。

本书旨在深入探讨00后的成长背景、特点、成长历程、自我认知、自我提升与自我挑战以及对未来的展望。在书中，笔者通过丰富的案例和数据，分析了00后与上一代人之间的差异，揭示了他们在教育、职业、社交等方面所面临的挑战和压力，以及如何应对困难和挑战。

在全球化、数字化、智能化快速发展的今天，00后新生代具有许多优势和潜力。他们是数字化时代的原住民，对信息技术和网络文化有着深刻的理解和掌握。他们具有较强的创新意识和实践能力，能够在快速变化的环境中适应和发展。同时，他们也面临着许多挑战和困难，需要具备跨文化交流、团队协作、批判性思维等能力。通过对00后新生代的深入了解和分析，我们可以更好地理解他们的需求、期望和挑战。

　　本书在对00后新生代进行全面深入分析的基础上，提出他们与过往时代的人们大不相同的消费观，而后针对此探讨企业应该做出何种商业模式的改变和品牌营销手段的创新，以更好地迎合00后消费者，给企业带来更好的发展。最后，希望本书能给广大读者带来一些参考和借鉴。

目 录

第一章 00后时代特征：互联网"原住民"

00后的成长背景和时代特征　　　　　　　　2
新生代的定义和主要特点　　　　　　　　　5
00后成长的社会和文化环境　　　　　　　　7
00后新生代的消费行为和偏好　　　　　　 10
00后消费心理和观念的分析　　　　　　　 13
00后新生代的价值观和人生追求　　　　　 15

第二章 00后"萌新派"与"老灵魂"的不同

收入模式：直播小视频与个人品牌引流　　 20
消费诉求：重兴趣爱好，享受生活　　　　 22
价值逻辑：重体验轻品牌，多感官体验升级　 25
生活观念：重舒服轻内卷，更加简单化　　 27
购物习惯：消费触点更多元　　　　　　　 29
兴趣元素：国风、动漫与新锐元素　　　　 31
社交互动：重互联网社交分享互动　　　　 33
圈层文化：小众文化的崛起　　　　　　　 37

第三章　00后新生代消费趋势

数字游民：要自由办公，也要宅得快乐　　　　42

补偿式远行：消费复苏，旅游先行　　　　　　45

悦己消费：自我"犒赏"式消费浪潮涌起　　　　48

单身经济：一人居一人食　　　　　　　　　　50

健康意识：持续放大健康需求　　　　　　　　51

精致懒：懒人也要理想便捷的生活　　　　　　53

泛娱乐化：游戏是生活的一部分　　　　　　　55

国风浪潮：追求汉服与国货成趋势　　　　　　58

科技热：虚拟融入现实，用科技加持消费体验　　61

价值追求：产品功能价值和情感价值双重需求　　64

第四章　针对00后新生代的商业机会

适应00后消费偏好的产品设计和开发　　　　　68

符合00后消费心理的品牌营销策略　　　　　　70

懒人经济崛起，一站式服务成"新宠"　　　　　73

品牌要注入创意元素和新颖内涵　　　　　　　76

品牌要跟00后消费者的兴趣领域绑定　　　　　79

给他们个性化、有情感联结的产品　　　　　　82

00后要看你是否懂他们　　　　　　　　　　　84

00后的品牌营销要泛娱乐化　　　　　　　　　87

创造激发互动的内容，打造高渗透的品牌共创　　90

品牌产品颜值化打动年轻人的心　　　　　　　94

国外光环减弱后要紧贴本土需求　　　　　　　98

借助科技手段（如AR/VR）提升00后消费体验　100

第五章　00后喜欢什么样的品牌调性

个性化，不趋同　　　　　　　　　　　　　106

创造兴趣社区　　　　　　　　　　　　　108

颜值、品质缺一不可　　　　　　　　　　110

设计感，融入经典元素的消费品　　　　　114

有"话题性"的品牌调性　　　　　　　　116

能为年轻人创造"惊喜感"　　　　　　　120

具备"未知感"的东西能吊起年轻人胃口　122

和消费者平等沟通，品牌打造"松弛感"　124

原生感，讲述品牌故事　　　　　　　　　127

存在感，品牌要深入消费者生活　　　　　130

氛围感，用场景增加吸引力　　　　　　　133

圈层与KOL成为品牌与新生代沟通新渠道　137

品牌成为生活方式解决方案提供商　　　　141

第六章　00后消费升级及品牌转型战略

品牌要关注新生代消费理念的转变　　　　146

品牌年轻化将成趋势　　　　　　　　　　148

抓住数字化浪潮，打造品牌数字化　　　　151

品牌情绪释放与个性化认同　　　　　　　155

品牌与新生代的关系从管控走向连接　　　158

品牌从功能消费向情感消费转变　　　　　162

针对00后打造品牌"符号化"　　　　　　165

品牌要和年轻人"反着玩"　　　　　　　168

第七章　00后新生代的创业偏好

00后偏爱创业还是按部就班工作？　172
00后创业不怕"吃苦"　174
00后创业倾向电商和新兴产业　176
在细分垂直领域打造独具一格品类　179
00后为"好玩儿的事"创业　181
投资人开始看好年轻的创业者　183
00后给农业发展注入新活力　186
通过创业将民族文化带向世界　189

第八章　如何针对00后进行商业模式创新

预测未来00后新生代商业发展趋势　194
未来可能出现的新商业模式和发展机会　197
社群模式将成为新经济模式　201
体验式、社交式的消费商业模式　205
单身经济与移动空间成了消费新势力　208
00后"反向消费"背后藏着商机　211

后记　215
参考资料　217

第一章
00后时代特征：互联网"原住民"

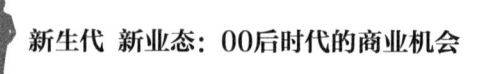

00后的成长背景和时代特征

00后成长于中国改革开放和经济快速发展的时代，社会环境和经济水平都得到了极大的改善。他们从小就接触到了各种现代化的科技产品，如智能手机、平板电脑等，对数字化和信息化的生活方式有着深刻的理解和体验。互联网的普及和快速发展，尤其是个人电脑的普及，使得"千禧一代"在日常生活中融入了数字化元素。他们被视为"数字原住民"，对信息技术和网络文化有深刻的理解和掌握。

00后一出生就处于互联网化的世界中，他们的成长时期恰好是移动互联网高速发展与内容爆发的阶段。从小接触互联网，智能手机、视频点播、游戏设备和社交媒体伴随着他们的成长、学习、生活，00后比之前任何一代都要更熟悉、更亲近互联网，故被称为互联网"原住民"。

00后成长于移动互联网时代，手机和社交媒体成为他们生活中不可或缺的一部分。他们从小就接触各种移动设备，能够熟练地使用各种社交软件和网络平台，对数字化和信息化的生活方式有着更深刻的理解和体验。

调查显示，在00后对自己这代人的认知上，开放（56.1%）、独立（43.5%）、自信（42.2%）、热血（39.9%）等正向选项的支持率都排在前列，甚至大幅高于"萌""佛系"等中性选项，也有46.9%的00后选择

"自我"。

德勤的《00后的媒体消费观：娱乐+移动+社交+数字》报告中指出，2000—2009年，出生人口整体呈现下降趋势，独生子女趋于普遍，家庭结构以"四个老人，一对夫妇，一个孩子"最为常见。简化的家庭结构不再建立规范和权威，因此，相比90后，00后很少会受到传统家庭规范的限制，而是更多地独享来自家庭的照顾，同时也更多地承受来自长辈的期待和压力。

亿欧智库的《青春正当时：00后企业营销及产品案例分析报告》指出，这种新型的家庭关系对塑造00后的价值观念产生了重要影响。00后父母的年龄段多为成长于改革开放初期的70后和80后，整体受教育程度较高，观念相对开放，在处理亲子关系时倾向于选择平等民主的教育方式，愿意给予子女更多的参与权和表达权，亲子关系融洽，00后对家庭的依赖感增强。

《创造未来：红杉00后泛娱乐消费研究报告》是红杉中国种子基金团队经过长期跟踪、大数据调取、定量调研、案头作业、小组访谈等多途径整合研究，并在神策用户行为洞察研究院的配合下完成。报告把00后称为"后千禧世代"，并总结了三个特点，即"移动互联网原住民""4+2+1家庭成长""自主消费意识与能力"。

人们给00后的定义是"移动互联网一代""二次元世代"，他们拒绝被随便定义和贴标签。身为"千禧一代"的他们，生于中国"入世"节点，长于移动互联网兴起时代，享受到全球化、移动联网和整体消费升级带来的复合红利，物质上充裕，精神上没有包袱感，生活方式也被互联网社交模式和网购、直播、小视频等形式影响。

00后的生活方式与高科技产品联系紧密，他们出生时家中已有电脑，移动通信终端如手机、平板将00后的社交轨迹编织成网状，待到成年，电子产品已经无法离身了。所以，网上学习、网上购物、网上交友和互动，网上发表言论和提出诉求等将成为常态。

毫不夸张地讲，当下00后将是中国未来发展形态和意识层面变革的最大推手。

在当今快速发展的社会中，00后新生代已经成为一股不可忽视的力量。他们成长于信息爆炸的时代，拥有着前所未有的信息获取能力和社交互动方式。同时，随着科技的不断进步，商业模式也在不断地更新换代，这一代年轻人在这方面的创新更是让人眼前一亮。

首先，00后新生代在信息获取方面有着得天独厚的优势。他们从小就接触智能手机、平板电脑等电子设备，能够轻松地通过互联网获取各种信息。这种信息获取方式不仅方便快捷，而且让他们更加了解和熟悉互联网文化。这使得他们在社交互动方面也更加得心应手，可以通过各种社交平台与他人进行交流和分享。

其次，00后新生代在商业模式方面也有着独特的见解和创新。他们不再满足于传统的商业模式，而是希望通过新的方式来获取商业价值。比如，一些年轻人通过开设网店、直播等方式来赚钱，这种新型的商业模式让他们在年青一代中脱颖而出。此外，还有一些年轻人通过做家教、兼职等方式来获取额外的收入，这也是一种新型的商业模式。

此外，00后新生代的创新精神和探索精神也是值得肯定的。他们敢于尝试新事物，敢于挑战传统观念，这种创新精神和探索精神是推动社会进步的重要力量。

新生代的定义和主要特点

人们习惯把 2000 年 1 月 1 日至 2009 年 12 月 31 日出生的新生代人群称为 00 后，也称"零零后"。有时也泛指出生于 20 世纪 90 年代末期的人（称为"泛 00 后"），即改革开放以后的中国第三个十年期间出生的年青一代。这个词语在中国的互联网上越来越常见，特别是在社交媒体和新闻报道中。

对于 00 后，国家也给予了较高的期望，习近平总书记指出："中华民族伟大复兴终将在广大青年的接力奋斗中变为现实。"在"两个一百年"奋斗目标中，三个关键的时间点——2020 年、2035 年及 2050 年恰好对应了 00 后青少年、青壮年及中年这三个重要的人生阶段。显然，00 后将成为我国社会主义建设事业不可或缺的力量。因此，理解 00 后的思维方式、认知与行为特点，因势利导地引导其价值取向，使其成为坚定的社会主义建设者和接班人，对实现中华民族伟大复兴具有重要战略意义。

作为在信息化、全球化时代出生的 00 后，具有许多独特的特点和趋向。主要表现在以下六个方面。

1. 生活方式更加数字化

00 后是在数字化时代成长起来的一代人，互联网和科技的发展使他们对信息的获取和交流更加便捷。他们更早接触数字设备，习惯在虚拟空间中探索世界，这种数字化的生活方式也培养了他们独立思考和自主学习的能力。他们对信息技术的认知度更高，更加善于利用互联网进行生活和学习。

2. 自主意识增强

00后独生子女较多，大部分成长在美好、和谐的家庭环境中，家长更注重培养孩子的独立思考和自主决策能力，因此他们人际交往能力强，也更具同情心，对社会和环境有更高的认知。00后所承接的来自社会和家庭的教育资源，是前所未有的。这势必迎来00后整个群体在生活和精神空间上的大变革。一项基于2005年、2010年和2015年三次"中国少年儿童发展状况"的调查报告显示，00后对学历的期待以研究生为主，首选博士，其次是硕士、本科，而且10年间对硕士和本科的学历期待分别上升2.8%和9.7%。

3. 经济独立意识的觉醒

相较于之前年龄段的人，00后更早意识到经济独立的重要性。同时，他们接触的网络环境和社会环境使他们的视野更加开阔，追求享乐和展示自己的能力与才华更便捷，因此，他们在互联网上创造自己的品牌和业务，通过社交媒体展示才华，实现自我价值的同时也开始追求经济独立。他们理解要想生活得更加自主和充实，经济独立是必不可少的一步。据《腾讯00后研究报告：00后来袭》，与90后相比，00后的家庭收入更高，他们当中的更多人从小就拥有走出国门看世界的机会。而作为衡量少年儿童消费基础和富裕程度的个人存款，与同年龄段相比，90后约有815元时，00后则约有1840元，00后存款余额为90后同年龄段时的2～3倍。00后不仅比90后更有钱，他们还有更高的消费能力和财务自主权。

4. 拥有全球化视野

00后生长在一个逐渐全球化的时代，并通过互联网、社交媒体等途径接触更广泛的文化和思想，他们对不同的文化和语言有了更广泛的接触和了解，因此，他们具有更开阔的国际视野和更强的全球公民意识。

5. 兴趣更加多元，独立意识更强

00后人群有非常多元的兴趣爱好，并且非常愿意在这上面花钱、花时间。他们的独立意识非常强，希望得到父母和他人的尊重与支持。随着国家发展和社会变化，00后会有更独立的意识，对婚姻、家庭和职业等价值观念有了新的认识。他们追求多元主义，关注性别、种族、环境等多方面的议题，具有更加开放和包容的心态。

6. 独特的社交方式与语言特点

因为在网上沉浸的时间很长，新生代的交流方式深受二次元影响，喜欢使用网络用语，喜欢自嘲和玩梗。乐于分享，比如，使用网上的产品后，会认真写评语，方便他人参考。比如，网上一群"人类高质量00后们"以玩笑的口吻，变着法儿地推销自己，希望能通过"网络一线牵"，给自己找到一个对象。很多素人UP主因此获得了空前的流量和关注，在飞速刷过的弹幕上，网友们纷纷调侃："助力每一个梦想""一将功成万骨枯，传闻一战百神愁"。

除此之外，"YYDS"等互联网缩写是00后的口头禅，"你是我的神！""怎么不算呢？"……更是常用常新。

00后成长的社会和文化环境

人们形容00后是最多元化的一代，他们经历过小巷里嬉戏打闹没有手机的快乐时光，也见证过信息时代的普及和互联网的崛起，他们还见证了

2G到5G时代的发展。他们见证过老街旧巷的美好，也感慨着日新月异的繁华，在两个时代碰撞的社会和文化环境背景下成长起的这一代人，是真正跨时代的一代人。

每个时代的人都有属于自己的社会人文环境，不同时代会形成不同的信念、价值观、道德规范、审美观念以及世代相传的风俗习惯等被社会所公认的各种文化因素的总和。

这些文化因素影响着人们的思想观念、行为习惯以及社会风气，对于一个社会的发展和进步起着重要的作用。价值观念是社会人文环境中最基本、最核心的要素之一，它代表着人们对于好与坏、美与丑、正义与非正义等问题的看法和判断。在一个良好的社会人文环境中，人们应该拥有正确的价值观念，尊重他人的权益，追求公正、公平和共同发展。

行为方式是人们在特定社会环境下表现出来的一种行为习惯和方式，它受到社会文化环境的影响，同时也影响着社会的和谐稳定。在一个良好的社会人文环境中，人们应该遵守法律和规则，尊重他人的权利和自由，保持良好的道德品质和社会公德心。

00后成长的社会和文化环境是复杂多变的。他们成长于一个信息爆炸的时代，互联网和移动互联网的普及使得他们能够更加便捷地获取信息，同时也更容易接触到不同的文化和价值观。

在家庭教育方面，00后的父母普遍比较重视教育，注重培养孩子的综合素质和技能。这种家庭教育方式也深深影响了00后的成长和发展。另外，00后也面临着更多的社会压力和挑战。随着社会竞争的加剧，他们需要具备更多的技能和知识来应对未来的挑战。同时，社会对多元化和包容性的要求也越来越高，这需要00后具备更加开放的心态和更加灵活的思维方式。

在文化方面，00后处于一个多元化、开放、包容的时代，所以他们接触到的文化种类非常丰富，包括传统文化、西方文化、日本动漫文化等。这种多元化的文化环境也影响了他们的价值观和行为方式。

21世纪初，是我国扩大改革开放，加强与世界的深入交流，经济和文化走向发展快车道的时候，因此，00后在自主意识方面，一边是物质的极大丰富，一边是精神文化成长的需要。在这样的社会背景下，他们的思想更为解放，思维更为活跃。虽然互联网给了他们更宽的眼界，但由于生活阅历不深，缺乏一定社会经验，难免将复杂的社会问题看得片面化和简单化，容易按自己的行为法则处事，容易偏激。同时，强烈的"自我"意识，让00后不那么在意集体意识，而更勇于表达和坚持自己的意见，合作意识薄弱。例如，电视剧《二十不惑》里的梁爽，上班第一天，一到下班时间，准时背起包包，离开工位。被前辈拦住教育："大家都还没走呢，你干吗去呀！""实习期你不加班，公司招你干吗呢！"梁爽很自然地回应："不是六点下班吗？员工手册上写的啊。""上班能完成的事情，为什么要加班做？"说完便转身离开。

这是00后自我意识的充分展现，00后，从不加无意义的班，也拒绝前辈和领导对自己强行的PUA（精神控制）。就像"玻璃大王"曹德旺在接受媒体采访时所说，现在年轻人不喜欢加班了，这是时代的进步。00后忠诚的对象，就像查尔斯·汉迪在《大象与跳蚤》中所说的那样，"首先是自己和自己的未来，其次是自己的团队和项目，最后才是集体"。

总之，00后是在迅速发展的科技与社会变革潮流中成长的一代。他们独特的成长环境和突出的特质为我们带来了新的思考和启示。在理解和引导他们的过程中，我们需要关注他们的需求和情感，鼓励他们发挥创造力和积极参与社会，共同开创美好的未来。

00后新生代的消费行为和偏好

不同时代的消费行为和偏好受多种因素影响，如社会文化、经济发展、技术进步等。比如，60后、70后，这一代人经历了计划经济时代，消费观念相对保守，注重实用性和性价比。他们偏好购买品质可靠、价格实惠的产品，不太追求潮流和时尚。80后这一代人成长于改革开放时期，对外来文化有较高的接受度，也受到互联网的深刻影响。他们注重个性化、品质化和时尚感，愿意为品牌和潮流买单。90后是数字"原住民"，对互联网和科技有着浓厚的兴趣。他们更加注重体验式消费，追求新鲜感和个性化。同时，他们也更加注重环保和可持续性。到了00后，他们成长于移动互联网时代，对社交媒体和数字支付有着极高的接受度。

人民网研究院发布的《消费态度家 潮流推波者：2021 00后生活方式洞察报告》中，罗列了五大类00后眼中的"独特单品"，包括学习提升类单品；抗疫纪念品；数码科技产品；汉服、旗袍、Cosplay服装；联名纪念款手表、包包；拼装玩具、鸡血藤手工材料等手工DIY。除此之外，00后兴起的新消费还有很多，比如，代表着高品质精致生活的手冲咖啡；自带BGM，靠一张表情包俘获无数00后的蜜雪冰城；将化妆品做成艺术品的国潮美妆品牌；能开出一切财富密码的IP盲盒……

调研机构 QuestMobile 发布《"Z 世代"洞察报告》显示：IP、国潮和娱乐分别代表了"Z 世代"（95 后 + 00 后）在消费上的三大偏好。在三大消费偏好的驱动下，汉服、盲盒手办、动漫周边、品牌联名、剧本杀等一系列年轻人的专属产业兴起。

00 后的个性鲜明，消费观念不同于 70 后和 80 后，他们的消费行为和偏好主要体现在以下三个方面。

1. 注重品质和个性化以及自我满足

00 后消费者更加注重品质和个性化，他们更愿意购买独特、高品质的产品或服务，而不仅仅是追求价格低廉。在购物时，他们会更加关注产品的品质、性价比。同时，他们追求"千金难买我乐意"，比起盲目追求品牌效应，00 后更愿意为自己的兴趣付费，追求符合个性化的小众新潮，如国潮、赛博朋克、元宇宙、电竞等。

2. 追求清醒且理性的消费体验

00 后消费者更加注重消费体验，包括产品售前、售中、售后服务的质量。他们更注重在购物过程中的交互体验，包括购买、使用和售后服务等方面的体验。不容易被忽悠，更多为真诚买单，一切套路在真诚面前不值一提。00 后讨厌很强的功利性，更喜欢来自真实、真诚、贴近生活化的种草分享。

3. 乐于社交分享，追求关系对等

00 后消费者更加注重社交分享，他们喜欢在社交媒体上分享自己的消费体验和产品使用心得，容易接受 KOL、KOC 的意见种草。这种社交分享不仅体现了他们对品质和体验的追求，也为其他消费者提供了一定的参考价值。任你品牌再高端，想要打动 00 后的心，首先要让 00 后感觉到尊重；

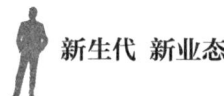

一旦踩到了00后的"雷点",他们绝对会弃你于不顾,再不回头。

总之,00后消费者注重品质和体验的表现形式多种多样,企业需要紧跟时代发展,关注新生代消费者的需求和特点,不断优化产品和服务,提高用户体验和市场竞争力。

00后消费者在购物时的其他表现主要包括以下六个方面。

1. 依赖网购

00后消费者对网络购物的依赖程度较高,尤其是服装、美妆等商品。除了传统的电商平台,他们更倾向于使用社交媒体平台进行购物,如通过微信、微博等社交平台直接购买商品。

2. 注重数字化体验

00后消费者在购物过程中,注重数字化体验,如使用移动设备比价、远程征求朋友家人意见等。他们更希望通过数字化方式获得便捷、高效、个性化的购物体验。

3. 超前消费

部分00后消费者有超前消费的习惯,即透支消费。他们可能会在未具备足够经济能力的情况下,选择分期付款或信用卡消费等方式购买心仪的商品。

4. 娱乐消费

无论是喝奶茶还是购物,00后消费者都注重消费行为所带来的心理和生理上的愉悦感,享受消费的过程。他们更倾向于选择能够满足自己兴趣爱好的商品或品牌,如二次元周边、明星代言产品等。

5. 跟风消费

部分00后消费者在购物时容易受到社交媒体的影响,尤其是当某个品牌或商品在社交平台上受到大量好评或关注时，他们更倾向于选择购买该商品。

6. 新奇消费

一些00后消费者对于未曾见过或者听过的商品或品牌有着较强的好奇心和购买欲望，这种新奇消费也在一定程度上推动了新品牌和创意产品的市场发展。

00后消费心理和观念的分析

人的消费心理和观念的形成，离不开时代背景。首先是，家庭经济条件相对优越。00后自出生以后，就生活在物质生活优越，没有生存和生活压力的环境里。与前几代人相比，00后的家庭收入相对更高一些，他们当中的更多人从小拥有走出国门看世界的机会。他们除了有更高的消费能力，还有更大的财务自主权，有更多机会自己做决定。其次，科技环境的支持，移动互联网和内容大爆发。中学是价值观形成的重要时期，00后的中学时期是手机上网时代。众多社交平台在这一时间段出现，比起90后所在的PC时代，上网时间更多，内容更丰富。他们的互联网虚拟消费比例相对更高。最后，是来自家校环境的改变。在家里，00后独享父母的爱，00后这一代的出生率已低于1，是彻底的独生一代。愿意听子女意见的00后的父母比例较90后的增加5%，允许学生辩解的老师占比也在不断提高。

由于受以上三个方面的影响，00后的消费态度更加向往专注且有信念的偶像和品牌，愿意为自己的兴趣付费。另外，00后的消费行为受到意见领袖的影响减弱，不再单纯认为国外品牌比国产品牌更好。

例如，北京一位六年级00后学生，平时喜欢做黏土蛋糕，父母每个月给100元零花钱，差不多会花60元在黏土上。00后会在自己的能力范围内消费，比如，由于互联网带来的便捷，他们在消费能力不足的时候，会靠自己在网上做一些小视频或拍段子赚取生活费。也会选择节假日或暑假的时候兼职，挣钱为自己买喜欢的东西。

00后的消费心理和偏好方面具体有以下体现。

1. 轻物欲的消费观

00后的家庭收入往往处在一个比较不错的状态，父母对于孩子的花销并不克制，反而不致加重他们的功利心。00后也懂得克制自己的物欲，父母在共同购买时会主动与孩子沟通，在购买与父母意见相左的商品时也会反思自己的购物行为。

2. 进行消费决策的时候，重在参与

00后的消费人群虽然大多处在父母掌控的半自由状态，但00后一代的自我意识强，有自己独立的消费观念，父母认为孩子的吃、穿等生活方面应该都有自己的决定和思考，我们只需要提供给他们一个自由决策的环境，尊重他们的意见，在出现过失的地方稍加指引即可，不应该对他们的消费有过多的干涉。在拥有相对独立的消费决策的同时，00后还逐渐参与到家庭消费。00后对玩具的消费有绝对的决策权；00后对家庭外出就餐参与决策权较高；超过两成的00后家长为孩子选择房间时会让孩子自己做决定。

3. 愿意在能够得到认同的地方付费

00后更渴望被同龄人认同，也更愿意花更多时间和朋友在一起。在不

同的社交平台上，他们倾向于用不同的人格表达自己，从小就懂得如何塑造更加讨人喜欢的形象。在几年前，电视广告靠多重复几遍广告词就能增加销量，而当今的00后已经不吃这一套了，"会讲故事"已经成为他们购买时一个重要因素。在他们心中，"大V网红"走下神坛，靠谱好友才是新的"带货之王"。

00后新生代的价值观和人生追求

人的价值观是指个人或社会对于什么是重要的、有意义的、有道德的、正确的等方面的信念和观念。它是我们所信奉的生活方式和人生目标的核心，指导着我们在不同情况下如何做出决策，以及如何与他人相处、交往。价值观是由我们所处的社会和文化环境、家庭教育、个人经历等多种因素所塑造的，每个人的价值观可能不同，因为我们的人生经历和生活环境不同。一些常见的价值观包括诚实、正义、自由、平等、爱、友谊、尊重、勇气、责任、忠诚、创造力、协作等。

作为生于改革开放新时期，长于物质、信息爆炸式增长的新时代的00后是未来社会的重要一代，他们更倾向于"后物质主义"。随着社会和技术的进步，人们对于物质财富的追求已经不再是主要的价值观，而是被对于知识、技能、自我实现、社会关系和环境保护等非物质方面的追求所取代。这种观点认为，00后的价值观已经发生了转变，他们更加注重非物质方面的追求，例如，对于知识、技能、自我实现、社会关系和环境保护等方面

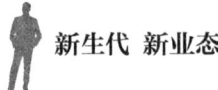

的追求。这种追求并不是说不需要物质财富，而是对于物质财富的追求已经不再是主要的价值观。

"后物质主义"的出现与现代社会的发展有关。随着社会和技术的进步，人们的生活水平和福利得到了提高，因此人们对于物质财富的追求已经不再是主要的价值观。同时，随着信息时代的到来，人们对于知识和技能的需求越来越高，因此人们更加注重对知识、技能、自我实现、社会关系和环境保护等方面的追求。

2020年3月，上海社会科学院"00后认知特点、思维方式研究"课题组最新调查显示，我国大城市00后的思想行为呈现出如下新特征、新变化：第一，对传统文化认同与理性爱国情感特征之同时，外来文化在他们的日常生活中仍占据重要位置；第二，对社会问题看法呈现"观念分层"新特征，运用传统"社会分层"理论验证已部分失效；第三，传统"权威意识"渐趋淡化，"网红偶像"开始成为他们的崇拜对象；第四，存在"热血奋斗"与"躺平佛系"二元并存的行为特征；第五，兼具物质主义与"后物质主义"的"混合价值"取向；第六，平权意识、规则意识增强的同时，对"私领域"行为态度宽容；对"公领域"道德爱憎分明。

具体表现在以下四个方面。

1.00后新生代的价值观更加多元化和开放

他们更加注重个人权利，强调自我表达和个性张扬。同时，他们也关注社会责任和环保，希望通过自己的行动为社会作出贡献。此外，他们还注重人际关系和社交网络，认为社交关系是人生中重要的组成部分。

2.00后新生代的人生追求更加多元化和个性化

他们不仅追求物质财富和事业成功，也注重个人成长、学习和体验。

他们更愿意尝试新事物和挑战自我，追求更加充实和有意义的生活。同时，他们也更加关注自己的心理健康和身体健康，注重平衡和协调。

3. 00后新生代的教育观念也发生了变化

他们更加注重素质教育和能力培养，认为教育不仅仅是知识的传授，更是个人全面发展的过程。同时，他们也更加关注教育公平和教育资源分配，希望通过教育改变自己的命运和社会不公。

4. 00后新生代的职业观念也发生了变化

他们更加注重职业发展和职业满足感，不仅仅追求高薪和职位晋升，更希望从事自己感兴趣、有意义的工作。同时，他们也更加关注工作环境和员工福利，认为工作环境对员工的工作体验和生活质量有很大的影响。

第二章
00后"萌新派"与"老灵魂"的不同

收入模式：直播小视频与个人品牌引流

网上流传一个段子："80后都忙着结婚离婚，00后忙着恋爱分手，90后一心想着搞钱。80后都买了房子，00后买着心爱的手办，90后正被当成韭菜。80后有房有车，00后父母有钱，存款五位数……"总之，00后与80后、90后有着本质的不同，首先表现在收入模式的不同。

00后和80后、90后的收入模式有所不同，这种差异主要源于他们成长的社会环境、个人发展路径以及职业选择等因素。

00后通过社交媒体平台赚取收入。随着社交媒体平台的普及，越来越多的00后利用这些平台赚取收入。他们可以通过在平台上发布内容、与粉丝互动、推广产品等方式获得收益。这种收入模式与传统的工作方式有所不同，更注重个人的影响力和粉丝基础。

首先，对于00后来说，他们出生在互联网技术迅速发展的时代，社交媒体、电子商务、在线游戏等新兴行业给他们提供了更多的发展机会。因此，他们更可能在这些领域寻找工作并获得收入。同时，由于00后更加开放和自由，他们更愿意尝试新事物，这也使得他们在创新和创业方面具有更大的潜力。

而对于80后、90后来说，他们在职业生涯的早期阶段更多地依赖于传统的职业路径。他们通常会选择进入大型企业或机构，通过稳定的工作和逐步晋升来获得收入。这种模式相对较为传统和保守，但也具有一定的稳定性和保障性。80后通过工作获得收入。他们通常是在企业或机构中担任职位，通过按时完成任务或达成目标来获得报酬。这种收入模式相对稳定，但也需要付出更多的时间和精力。

90后通过创业或投资获得收入。相对于80后和00后来说，90后更加注重创业和投资，他们通常会通过创业或投资来获得更多的收入。这种收入模式需要更高的风险承受能力和更敏锐的市场洞察力。

此外，00后在收入观念上也与80后、90后存在差异。00后更加注重个性化和自由度，他们可能更愿意选择自由职业或自主创业，以实现个人价值和追求。同时，他们也更加开放地看待收入来源，除了工资和奖金外，他们还可能通过投资、理财等方式增加收入。

不少人认为，与"叛逆"的80后、"赤贫"的90后不同，00后一出场就是"霸道总裁"路线，关于00后的江湖传说都紧紧围绕一个字——钱。

00后的收入模式大概有以下六种常见的模式。

1. 互联网线上创业

常见的模式包括小视频直播带货，开设自己的网店代售产品或销售自己设计的创意产品。不少人在互联网平台建立自己的品牌形象，成为"网红"博主，与品牌合作赚取广告费用。

2. 运营自媒体

通过创建公众号或个人账号创作内容进行运营，吸引粉丝，然后通过粉丝经济实现变现。常见的变现方式有粉丝打赏、赞赏、购买等。

3. 在校期间创业

00后接触的新生事物多，网络创业机会也多，不少00后不用等到大学

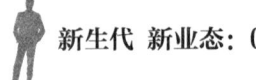

毕业，在校期间就开始了创业。比如，开设课外辅导班、组织校园演讲比赛等。同时可以利用在线教育平台进行知识分享，开设网课享受知识付费的红利。比如，开设音乐、绘画和编程等课程。

4. 游戏直播

00后对游戏带有天然的兴趣与熟悉度，可以利用自己的设计和玩游戏技能通过游戏直播平台进行直播。一边直播自己玩游戏，一边与观众互动，赚取观众的打赏和礼物。同时，也能与游戏厂商合作赚取广告费。

5. 虚拟人服务

这种虚拟人服务的模式最早出现在2014年的淘宝店铺，通过几十元不等的价格，定制一个可以清晨叫早、夜晚哄睡、陪玩陪聊的虚拟恋人。一般虚拟恋人以00后为主，女生占比更高。在电商平台随意搜索"虚拟人物""男朋友租赁"即会找到以二次元人物做商品封面的、价格在10～30元不等的虚拟恋人商品、店铺销量成百上千的不在少数。做这一行的一般是在校播音主持专业或天生具有好声音的人。

这群00后，他们靠着自己的爱好和特长，凭借时代的红利，找到了适合自己的收入模式。

消费诉求：重兴趣爱好，享受生活

有人形容00后的消费观是一掷千金，他们更愿意为兴趣买单，乐于享受生活。《2022年中国兴趣消费趋势洞察白皮书》指出，00后的年轻人为了兴趣，更愿意"省小钱、花大钱"。

例如，小河是一名00后的大学生，他喜欢购物，但是他的购物方式却与众不同。他喜欢通过比较不同商家的价格和质量，选择性价比最高的商品进行购买。

在一次购买运动鞋的过程中，小明发现了一家网店的价格比其他商家便宜很多，而且评价也相当不错。于是他决定在这家网店购买一双运动鞋。然而，在付款的时候，小明却发现自己的银行卡余额不足。他非常着急，因为这是他计划好的一次购物，而且价格比较低。于是他决定先省吃俭用，将其他不必要的开支节省下来，以确保能够支付这双运动鞋的费用。最终，小明成功地购买了这双运动鞋，但是他却为此省吃俭用了一个月的时间。虽然他在这段时间里过得比较艰苦，但是他认为这双运动鞋非常值得购买，因为它不仅质量不错，而且价格相当低。

这个案例说明了00后的一些购物特点，他们注重性价比，喜欢通过比较不同商家的价格和质量来选择最合适的商品。同时，他们也愿意为了购买自己心仪的商品而省吃俭用一段时间。这种购物方式虽然有时候会让他们过得比较艰苦，但是他们认为这是值得的。

之所以有这样的消费诉求和意识，主要原因有以下三个。

（1）00后所处的家庭环境经济条件都比较优越，加之00后中独生子女居多，从小独享父母全部的爱，接受到的教育和生活方式更加民主和自由，父母给了他们更多的选择权和自主权。

（2）外界环境对他们也产生了较大的影响。他们处于移动互联网大爆发的时代，作为移动互联网"原住民"，他们享受着便捷信息和科技带来的诸多红利。PC时代，通过个人电脑只能享受到本地局域网，无法连接更多的外部世界。到了互联网时代，家里有电脑才能连接各方面的信息。目前是移动互联网时代，人手一部手机，基于用户的关系和内容生产了深刻的变革，打开了链接外部世界的大门，每个人每天都会接收到海量信息，受这些信息的影响，00后眼界更开阔，需要的东西也更新奇和多元化。

（3）精神世界，00后学会的是"包容""平等"等价值观，他们更独立自我，有着较强的表达欲，不受束缚。

由于这些因素的影响，他们在消费方面的诉求是重视取悦自我，以提升幸福感为核心。00后不像他们的父辈们把基本的生存和安全需求放在首位。

他们在消费方面有哪些具体的表现呢？

（1）为喜欢的事物买单。比如，最近几年流行起来的潮玩、手办、盲盒、二次元、电竞等，都是个性化、新奇特的代表。买东西不看刚需，但必须符合他们对于商品"颜值高、有趣、独特"的审美品位。对于价格不是特别敏感，喜欢的东西他们就会买单，比如，一个手办在父母的眼里非常昂贵，但在00后的眼里很平常。

（2）为体验感买单。年轻人追求更多的不是商家如何宣传，而是自己的真实体验。比如，玩蹦极、网红店打卡、网红美食等，只要有体验感的产品和服务对他们就有吸引力。他们以"提升生活品质，追求美好生活"为主要核心。

（3）为真诚买单。00后对自己喜欢的东西可以不考虑价格，但他们绝对不容易被商家忽悠，越是套路多他们越会敬而远之。因为，便捷的互联网信息，使得他们非常容易"货比多家"，也知道某个东西的性价比和体验感是否良好。他们是爱消费，但不是无脑消费，更不是超前消费。

价值逻辑：重体验轻品牌，多感官体验升级

信息爆炸带来的不仅是铺天盖地的各种资讯，随之而来的还有品牌的不断更新与迭代。00后对于消费的理解也产生了质的变化。不仅追求功能和品质，更追求精神消费和精致消费，既强调"体验感"，也强调"小而美"。

比如，网易云音乐是非常受00后欢迎的音乐平台，其产品体验感极佳，界面设计简洁大方，功能齐全。云音乐的"云"功能是亮点之一，用户可以创建自己的歌单，与好友分享，并在评论区交流音乐感受，形成了独特的社区氛围。这种对用户体验的深度理解和重视，让云音乐赢得了众多年轻用户的喜爱。

短视频平台如抖音、快手等在00后中也非常流行。这些平台不仅提供了丰富的内容，如音乐、舞蹈、美食、旅行等，还提供了各种特效、滤镜、音效等功能，让用户可以轻松制作出高质量的短视频。这种"小而美"的产品体验，让00后们可以自由地表达自己，分享生活，同时也享受到了创作的乐趣。

2018年，最大的00后已经18岁了，相比90后和85后，他们对流行文化和品牌的解读，都具备较强的媒介成熟性，都为品牌未来的商业传播带来新的命题。00后更加重视体验与参与，而不仅仅是品牌有多响亮。由

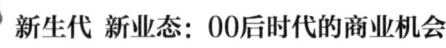

于蓬勃发展的自媒体，简单便捷的手机应用，让00后掌握信息源易如反掌，与忠诚于某一品牌相比，00后更加重视体验和参与感。不少品牌为了迎合他们的这种体验意识与多感官体验消费的升级，做了自身的品牌创新。例如，天猫"618""不务正业馆"推出不正经冰淇淋，乐事海盐芝士黄瓜味，宝洁推出"海飞丝薄荷柠檬味"，等等。

除了在视觉上要体验之外，00后在传播语言上更加追求萌、奇、特与个性化。他们用自己独特的流行语充斥着社交媒体。00后的碎片化课余阅读时间，要求更简短的内容。

在追星方面，00后与80后、90后也有所不同，他们更偏重于感情寄托与身份认同。据调查，00后的微博内容都与偶像相关，社交媒体也拉近了他们与偶像之间的距离，他们更愿意选择明星同款的服饰和穿戴，更愿意选择与偶像"共生"的生活方式。

00后不再单纯追逐大品牌，而是更注重实用性。他们对于潮流和信息具有较强的搜索能力，在家庭中也扮演着决策者的角色。同时，作为网络"原住民"的他们并不是所有的东西都选择网购。据IBM的一项调查称，全球98%的00后购物者表示大部分时间会选择实体店购物，甚至是网购的三倍之多。不少品牌商家发现了这一契机，开始打造集空间、艺术展示、概念饮品、潮流服饰及互动装置等多元体验于一体的生活艺术空间，为年轻一族打造新的线下实体体验空间。品牌开始跳出传统推广策略的框架，以模块化、灵活的概念去设计每个实体店，从而可以更轻松地建立与消解各个消费点和建筑结构。00后是未来品牌主要争夺的目标消费人群，需要去对应他们的价值逻辑，才能真正与他们产生连接。

生活观念：重舒服轻内卷，更加简单化

如果说80后经历了背着房贷当"房奴"，90后还着车贷，为了教育下一代而内卷到没有自我的话。00后被戏称为没有房贷、没有车贷、没有下一代的"绝代佳人"。由于00后生活在高房价、高车贷的时代，他们同样面临着巨大的经济压力，但他们似乎比80后、90后的人更想得开，他们不再像前人那样追求贷款买房、买车、赶快生娃的生活模式，他们宁愿选择租房和骑共享单车等更为轻松一些的生活方式。这种选择让他们摆脱了贷款的束缚，实现了"财务自由"。他们不再为了所谓的住房好、开好车而让自己陷入内卷的泥潭。所以，他们也被称为最会"躺平"的一代人。

00后开始追求生活的简单化。例如，有一位00后，在购买各种名牌商品、追求时尚和潮流的时候。发现这种消费并不能带来真正的幸福，于是他开始尝试穿二手服装，不再随意消费。他觉得这样的生活让他感到更加自由和轻松。再如，有的年轻人不再痴迷于购买太多的衣服和鞋子，开始尝试简化生活方式，减少无谓的消费，更多地关注自己的内心世界。从简单化的生活状态中，找到轻松自由，以便更加珍惜生活和时间。他们更愿意花费金钱购买健康、环保的产品，并且支持注重环保的品牌。

00后的简单化生活态度通常表现为以下四个方面。

1. 追求简约

00后更注重简单、自然的生活方式，他们喜欢以简单的方式处理问题，不喜欢复杂和烦琐的事物。

2. 注重自我感受

00后更加注重自我感受和自我表达，他们更喜欢通过自己的方式去体验生活，追求自己认为有价值的事物。

3. 消费观念理性

相对于物质消费，00后更注重精神消费，他们更愿意把钱花在提升自己的知识、技能和体验上。

4. 环保意识强

00后对环保问题更加重视，他们更加关注自然环境和人类未来的发展，愿意采取行动来保护环境。

因此，他们更愿意花时间和金钱去旅游开眼界、参加聚会和体验各种文化活动，而不是购买奢侈品或者过度地追求物质享受。同时，00后喜欢社交媒体：社交媒体是00后生活中不可或缺的一部分，他们通过社交媒体来表达自己、获取信息、建立社交关系。比如，在微信、微博和抖音等社交平台上分享自己的生活点滴、看法和感受，与朋友进行互动。

事实上，追求简单化的生活并不等同于节俭或贫困，而是他们已经开始从向外索求向关注内心的需求和精神的满足方面转变。这样的生活观念让他们活得没有压力和不再焦虑，能够增加自我控制力和内心的平静。

购物习惯：消费触点更多元

随着科技的发展和消费市场的不断扩大，00后能够接触到的消费触点越来越多。除了传统的实体店购物外，他们还通过互联网、移动设备等途径接触到更多的商品和服务。例如，通过电商平台、社交媒体等渠道了解和购买商品，或者通过移动支付在实体店进行消费。多元化的消费触点为00后的消费行为提供了更多的选择和便利。

如果说80后、90后的购物习惯是网上电商购物，那么00后不但在网上购物，还愿意在线下实体店直接体验。

00后的购物习惯确实体现了多元化的选择。他们不仅在购物平台上有多样化的选择，如淘宝、京东、拼多多、唯品会和抖音等，而且购物品类也非常丰富，涵盖了服装、数码、家居用品、美妆等多个领域。

同时，00后对购物的需求并不仅仅满足于基本的生活需要，而是更加注重生活品质的提升和追求美好生活。他们更看重消费中的个人感受，乐于尝试有故事、有灵魂的小众品牌。这种消费观念的转变，使得他们在购物选择上更加多元化，也更加注重品质和个性化。

此外，00后的兴趣爱好也影响了他们的购物选择。比如，他们对动漫、动画、电影、音乐、综艺、网络游戏等泛娱乐类内容有浓厚的兴趣，这些兴趣不仅体现在他们的娱乐活动中，也渗透到购物选择中。例如，他们可

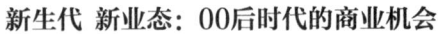

能会在购物平台上购买与自己喜欢的内容相关的商品,或者在社交媒体上看到别人分享的好物而产生购买的欲望。

00后习惯于边社交边娱乐,边种草边消费,他们易于受到他人的影响,看重价格合适、质量好、颜值高的品质好物,相比其他代购,他们更爱内容社区电商。

内容社区电商是一种结合内容创意和电商交易的商业模式,也被称为"内容+电商"。它以"意见领袖"的口碑为流量入口,通过图文帖子、短视频、直播等丰富的形式,通过购物攻略、分享导购等与购物相关的内容吸引用户。用户在观看这些内容时可以直接在平台内或通过链接跳转到电商平台进行购买,一些用户在购买商品后还会将自己的使用感受制作成内容再分享到平台上,进一步丰富平台内容,从而形成"发现—购买—分享—发现"的完整闭环。

比如,某人在社交平台上看到朋友买了特别有意思的拼装玩具,觉得特别好,所以也想买一个体验一下;或者在微信群里看到一件很好的JK制服裙或汉服,当时狠狠种草,立马下单。

00后的购物触点不但多元,而且熟人驱动成为主流,身边亲戚朋友仍是主要的影响力来源。比如,同宿舍的朋友看到对方买了好看的首饰或服装,觉得好看,她们也会去买。另外,他们喜欢在综合电商平台上面看,这些电商推荐的很多小物品会吸引00后的眼球。例如,他们如果想买什么商品,看到了不熟悉的牌子,就会去搜,会搜索相关博主对这个商品的测评,如果有很多测评过的博主觉得不错,他们就会去买。

所以,也有人把00后消费者比喻为"最精明的一代"。他们自身具有互联网敏感体质,对商家的任何营销推广、套路、偶像人设等异常敏感,表现出超出年龄的通透。无论是软件植入还是网红达人，甚至是借热点事件进行营销，他们都能一眼看穿。但他们又能够接受这些套路，知道谁都有赚钱的需求，看得透，但不轻易上当，口头禅是"你赚你的钱可以，但别当我傻"。之前品牌自说自话单向灌输、粗暴式叫卖模式已经很难打动00后了，他们渴望着双向以及更深层次的绑定。

可见，00后的成熟度已经远远超过80后、90后，相比满足基本的生活需要，他们更倾向于提升品质与追求美好生活。他们更看重消费中的个人感受，乐于去尝试有故事、有灵魂的小众品牌。

兴趣元素：国风、动漫与新锐元素

近年来，"汉服热"成为一个现象级的事件，无论是热门景点还是公共空间，总有穿汉服的人活跃的身影。同时也带火了一个叫"曹县"的小县城。

曹县的主打产业，尤其是汉服产业，与网络热点话题紧密相关。汉服作为历史文化的代表，一直受到大众的关注和喜爱。而曹县通过转型做汉服，自然地在这个网络热点话题中占据了一席之地，从而产生了巨大的流量。

曹县的电商起步较早，从1997年就开始了，这种敏锐地接触新事物的能力和互联网思维，使得曹县在电商领域占据着领先地位。据报道，曹县是全国最大的演出服产业集群，这种产业优势也极大地推动了曹县的经济发展。

"汉服热"现象说明中国传统文化与现代时尚之间的结合和创新得到了广泛认可和关注。首先，汉服作为中国传统文化的重要组成部分，具有悠久的历史和丰富的文化内涵。随着社会经济的发展和人们对于文化自信的追求，汉服逐渐成为一种新的时尚潮流，受到越来越多人的关注和喜爱。

其次，汉服独特的时尚设计元素也为其成为一种新的时尚潮流提供了条件。现代的改良和设计让汉服更加符合现代人的审美观念，同时也满足了年轻人对于时尚和个性化的追求。

此外，汉服作为一种民族认同的表现，也得到了越来越多年轻人的认可和追捧。他们通过穿着汉服来表达对传统文化的热爱和认同，同时也体现了对于文化自信的追求。

除了汉服，带有国风的其他品牌和商品也不同程度地吸引了年轻粉丝的关注和喜爱，一经推出便获得追捧与购买。

这些国风产品的出圈，无不展现出00后对国风的热爱与支持。他们掀起了新的市场劲风，也说明他们的兴趣才是支撑市场新趋势崛起的重要力量。

另外，动漫圈也成了00后喜欢的重要区域，《2021年00后生活方式洞察报告》显示，37%的00后对动画、动漫怀有浓厚兴趣，对动漫IP的优质合作带有天然的好感。动漫IP商品化程度更高，新鲜有趣的动漫产品永远是00后的"宠儿"，兴趣驱动下，泛动漫文化将引领市场消费，成为00后不断追逐的潮流。

其他带有新锐元素的内容或品类也成了"爱尝鲜"的00后的喜欢之物，一旦在网上比较火的那种就会买。他们愿意进行热点尝新、品鉴新产品对自己和身边的小伙伴而言，已是日常社交的一部分。如健康软饮、国货美妆、营养代餐等品类的品牌大放异彩，收获无数的00后粉丝。

国风元素在00后中备受欢迎，这主要源于他们对传统文化的热爱和推崇。国风元素在他们的生活中占据了重要的地位，无论是音乐、艺术还是文化，都深受国风的影响。

动漫也是00后非常喜欢的元素之一。他们对动漫的热爱不仅仅体现在看动漫上，还体现在对动漫人物、情节以及动漫所传达的价值观的理解和认同上。许多00后乐于通过画漫画、制作动漫音乐或者参与动漫社等途径来表达他们对动漫的热爱。

此外，新锐元素也是00后非常感兴趣的。他们乐于接受新鲜事物，追求创新和变化。无论是科技、艺术还是文化领域的新趋势和新产品，他们都有浓厚的兴趣去了解和尝试。

总的来说，00后的兴趣元素是多元化和个性化的，反映了他们的独特个性和爱好。这些元素共同构成了他们的兴趣生态，塑造了他们的生活方式和价值观。

社交互动：重互联网社交分享互动

伴随着00后的长大，他们对熟人社交带有明显的排斥和厌倦情绪，相对于传统的80后、90后人来说，他们更倾向于互联网式的社交互动和分享。

00后的社交行为和喜好具有互动性和分享性。他们生活在一个数字化、信息化的时代，社交方式和社交习惯也随之发生了很大的变化。剧本杀、密室逃脱等推理、解密游戏成为线下娱乐新兴行业，也成为00后社交与游戏的"新宠"。

首先，对于00后来说，社交互动是非常重要的。他们渴望与同龄人交流、分享想法、互相学习。这种互动性不仅体现在面对面的交流中，也体现在网络社交平台上。通过社交平台，他们可以随时随地与朋友保持联系，分享自己的生活和感受。

其次，00后也喜欢在社交平台上分享自己的生活和想法。他们渴望被关注、被认可，也希望自己的声音被听到。在社交平台上分享自己的照片、状态、想法，不仅可以满足他们的分享欲望，也可以让他们得到更多的关注和认可。

最后，00后的社交行为也带有很强的游戏性质。他们喜欢通过社交平台参与各种互动游戏、挑战、打卡等活动。这种游戏性质的活动不仅可以增加他们与朋友的互动，也可以让他们在轻松愉快的氛围中度过每一天。

数据显示，75%的00后表示希望有更多时间和同伴在一起。他们活跃在各个网络社区和群聊中，通过共同语言吸引"道友"形成社交圈子。他们通过学缘、兴趣缘等进行"圈子"的拓展，在特定的时间形成偶尔的圈子，并在网络各种圈子里互动。动漫圈、饭圈、绘图圈、语C圈等兴趣社区，00后群体的社交模式呈现出"万物皆可圈"的状态，并活跃于点赞、评论、转发、原创等互动活动。这些社交模式带来的最大弊端是"手机依赖症"的出现，表现为过度依赖手机或其他电子设备，以致影响了正常的生活、工作和学习。这种依赖可能会产生孤独感，因为过度使用电子设备可能会减少人际交往和社交活动，使人与他人疏远。

当一个人过度依赖手机和其他电子设备时，可能会花费大量时间在这些设备上，从而减少了与他人面对面交流的时间。这可能导致在场社交关系的疏远，因为他们无法与他人建立深层次的人际关系。另外，"手机依赖症"所导致的孤独感可能会影响他们的心理健康和生活质量。

00后以互联网为媒介进行网络互动，具有共同目标和网络群体意识。作为从小生活在互联网环境中的"00后群体"，他们最活跃的区域为微博超话、豆瓣小组、朋友圈等，成为穿行于虚拟世界的"互联网游子"。由此，改变了青年或青少年传统的社交方式，在场交往逐渐减少，缺场交往逐渐增多。同时出现了"智商社交"，如由 8 ~ 18 人组成的策略类游戏、逻辑推理类"剧本杀"游戏、烧脑益智冒险类"密室逃脱"游戏；"电竞社交"，如喜欢线上游戏"王者荣耀"在体验中进行闯关玩法、和平精英类的反恐军事竞赛体验类手游；"扩列社交"，主要在 95 后和 00 后之间流行。它指的是通过扩充好友列表来开展社交活动，在社交平台上寻找志同道合的人，扩大社交圈子。

在这种社交方式中，人们会在社交平台上列出自己的兴趣爱好或者喜欢的圈子，以此吸引志同道合的人。这种社交方式强调的是主动性和积极性，通过这种方式建立的联系也更加真实和有意义。扩列社交的特点在于通过共同的兴趣爱好或者文化背景来建立联系，这种方式可以让人们在社交中获得更多的归属感和满足感。同时，扩列社交也强调了平等和尊重，让每个人都可以在社交中得到应有的关注和认可。

"摩斯密码社交"，这是一种新兴的社交方式，它使用摩斯密码作为主要的交流方式。这种社交方式具有独特的魅力和神秘感，吸引了许多年轻人和密码爱好者的关注。在摩斯密码社交中，人们使用摩斯密码的点和画来表达不同的字母和数字。通过这种方式，人们可以在社交平台上发送和接收摩斯密码信息，进行交流和分享。在非同类的眼中看起来，这只是一串无意义的乱码，但同类却可以从中解读出意义，并完成群体之间的信息传播。

总之，00后的社交模式的特点可以归纳为以下五点。

1. 多元化和个性化

00后的社交模式更加多元化和个性化，他们通过各种社交平台展示自己的生活和个性，并追求独特的社交体验。

2. 互动性和分享性

00后在社交过程中强调互动和分享，他们渴望与同龄人交流、分享想法、互相学习。同时，他们也喜欢在社交平台上分享自己的生活和想法，以获得更多的关注和认可。

3. 社交形态的移动化

随着移动互联网的发展，00后的社交形态更加移动化，他们通过手机等移动设备随时随地与朋友保持联系，并参与各种社交活动。

4. 社交应用的多样化

00后使用的社交应用种类繁多，包括微信、QQ、微博、抖音等。这些社交应用不仅满足了他们基本的社交需求，还提供了各种娱乐和信息服务功能。

5. 社交行为的理性化

虽然00后在社交过程中强调个性和自由，但他们也表现出更为理性而审慎的生活态度。他们知道努力学习是必要的，同时展现出了更乐观的态度。

这些特点反映了当代青少年的社交方式和社交习惯的变化,也反映了互联网时代对青少年社交行为的影响。

圈层文化:小众文化的崛起

不知道从何时开始,一些新鲜词汇流行于网上,如二次元、赛博朋克国风、潮玩手办、转笔圈、谷圈、兽圈……这些都是00后年轻人的圈子,也是他们拥有的小众文化。小众文化是相对于大众文化而言的,具有独特性和排他性的文化形态。它可能只被少数人接受和认同,或者只在小范围内传播和流行。小众文化通常是由特定的人群所创造和传播的,他们可能具有共同的兴趣爱好、价值观、生活方式等。

00后的小众圈层文化有很多,以下是一些例子。

1. 娃圈

是指喜欢收藏、购买、养育玩具娃娃的群体。这些玩具娃娃可能是一些品牌的产品,也可能是玩家自己定制或改造的。在娃圈中,玩家们会为他们的娃娃打扮、拍照、分享养育经验等。

2. 谷圈

是指喜欢收藏、购买、使用动漫周边的群体。这些周边产品可能包括动漫人物的手办、模型、钥匙扣、明信片、徽章等。谷圈玩家们通常会根据自己的喜好选择购买和收藏这些产品,并以此为乐。与JK制服圈、汉服

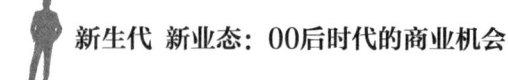

圈相似，谷圈也有专业的圈内术语和规则，诞生出拼盒、吃谷、排谷、食量、扫街等行语。

3. 设圈

是指喜欢创作、分享、交流原创角色的群体。这些角色可能是动漫人物、游戏角色、原创角色等，设圈玩家们会根据自己的创意和喜好设计角色的形象、性格、背景等，并与其他玩家分享交流。

4. 兽圈

是指喜欢拟人化动物角色的群体。这些角色可能是真实的动物，也可能是虚构的动物角色，兽圈玩家们会为这些角色创作故事、插画、音乐等作品，并以此为乐。兽圈是由更深层次情感连接而来的群体。兽迷们喜欢拟人化的动物角色，会以动物设定"打造"自己，通过创作画作、短视频动画，甚至穿上属于自己的服装，表达对拟人化动物角色的喜爱。

5. 乙游圈

是指喜欢玩乙女游戏的群体。乙女游戏是一种以女性群体为目标受众的游戏类型，通常包括恋爱、模拟、冒险等元素。在乙游圈中，玩家们会分享游戏中的故事、感受、攻略等，并与其他玩家交流互动。

这些小众圈层文化都是基于对某种事物的共同兴趣和热爱而形成的，它们代表了00后的多元化和个性化特点。"万物皆可圈"，每一个新兴文化与圈层的兴起，背后正隐藏着最新一代年轻人跳动的脉搏。

00后的圈层反映了当代青少年的文化特征和社交方式。这些圈层文化具有多元化、个性化、互动性、分享性、移动化和理性化的特点，体现了00后对于多元化、个性化的追求，以及他们在社交过程中强调互动和分享的生活态度。

同时，这些圈层文化也反映了当代青少年对于新兴技术和社交媒体的依赖。例如，00后在社交平台上展示自己的生活和个性，参与各种社交活动，并通过社交媒体与朋友保持联系。这些圈层文化的形成和发展，也反映了青少年对于文化创意产业的兴趣和参与度，他们通过创造、分享和交流自己的作品与想法，推动了文化创意产业的发展。

针对00后的圈层文化，还有以下四个方面值得关注。

1. 兴趣驱动和创新意识

00后的圈层文化通常是由他们的兴趣爱好驱动的，他们对于新事物和创新的热情很高，会主动探索与尝试各种新的文化形式和表达方式。这种兴趣驱动和创新意识也促进了他们对于文化创意产业的发展。

2. 社交需求和认同感

00后的圈层文化反映了他们在社交方面的需求和认同感。他们渴望与同龄人交流、分享想法、互相学习，也希望通过社交平台获得更多的关注和认可。这种社交需求和认同感也促进了他们对于各种社交媒体和社交应用的依赖和使用。

3. 消费行为和价值观

00后的圈层文化也反映了他们的消费行为和价值观的特点。他们对于品牌、时尚、品质等有较高的要求，同时也注重个性化和独特性的消费体验。这种消费行为和价值观也对于商业和文化产业的发展产生了影响。

4. 教育和成长

00后的圈层文化还反映了他们在教育和成长方面的需求和特点。他们渴望获得更多的知识和技能，同时也注重自我探索和成长。这种教育需求和成长需求也促进了他们对于各种教育与培训机构的参与和推动。

第三章
00后新生代消费趋势

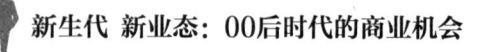

数字游民：要自由办公，也要宅得快乐

在《数字游民》一书中，有过这样的预言："未来的人类社会，高速的无线网络和强大的移动设备会打破职业和地理区域之间的界限，成千上万的人卖掉他们的房子，去拥抱一种在依靠互联网创造收入的同时周游世界的全新生活方式，这些人通过互联网赚取第一世界水平的收入，却选择生活在那些发展中国家物价水平的地方……"这种生活方式让他们彻底脱离了朝九晚五、办公室隔档和令人烦恼的通勤。

这种生活将很快成为现实，尤其随着网络"原住民"00后的成长，未来已来。这样的新兴少数群体，会呈现爆炸式增长。据MBO Partners估计，截至2022年，仅美国就有1690万"数字游民"，全球估计有超过3000万人。很多企业也愿意让员工进行远程办公，这样能为雇主节省很大的房地产成本。数字经济时代，越来越多的00后将成为"数字游民"。

00后被称为"数字游民"的原因是，在数字经济时代，平台经济蓬勃发展，零工经济和线上娱乐职位增长迅猛。同时，00后作为互联网"原住民"，更期待成为"数字游民"，完全依靠互联网创造收入。在数字化驱动下，一种被数字信息技术赋能的全新工作模式——"数字游民"应运而生，并被越来越多的人熟知和接受。这种工作模式打破了工作与地点的强关系，实现地理位置自由和时间自由，00后职场人更期待通过这种模式成为"数字游民"。

确实，00后更注重自由和快乐的工作方式。他们希望能在家里办公，享受自由的工作时间和空间，同时也能够保持快乐和满足感。这种工作方式可以让他们更加灵活地安排自己的时间，更好地平衡工作和生活，同时也可以提高工作效率和质量。

对于企业来说，要吸引和留住优秀的00后员工，需要提供更加灵活和自由的工作方式，包括远程办公、自由工作时间、高度自主决策等。这些工作方式可以让他们更好地发挥自己的创造性和创新能力，提高工作满意度和忠诚度，同时也能够更好地适应数字化时代的工作模式。

00后成为"数字游民"不但改变了工作模式，也改变了消费模式。他们可以不在工作的城市消费，但可以通过网络选择自己喜欢的任何东西。之所以说00后将有七成的人成为"数字游民"是源于以下原因。

1. 家庭环境的影响

00后成长于互联网时代，他们的家庭环境相对更加开放和自由，这种家庭环境促进了他们对于自由和快乐的工作方式的追求。

2. 社会变迁的推动

随着社会经济的快速发展，人们对于生活品质和工作体验的要求也在不断提高。00后作为新一代的劳动力，他们更加注重自我实现和自我价值的体现，因此更倾向于选择能够满足自己需求的工作方式。

3. 工作观念的转变

00后对于工作的认知和价值观与传统的职场观念存在差异。他们更注重工作本身的乐趣和意义，而不仅仅是工作的稳定性和高薪。因此，他们更倾向于选择能够提供自由和快乐的工作方式，以更好地实现自我价值和生活价值。

4. 数字化技术的普及

随着数字化技术的普及，00后可以更加方便地实现远程办公、工作时间自由等灵活的工作方式。这种工作方式可以让他们更好地平衡工作和生活，提高工作效率和质量，同时也能够更好地满足他们的个人需求。

5. 心态的变迁

对于00后而言，他们更愿意去尝试新生事物，也善于捕捉数字技术发展所带来的新商机，他们对自身的职业兴趣、爱好与发展目标也处于探索与调整的阶段，很多人喜欢体会与尝试不同的职业经历，丰富自己的职业阅历与经验。"数字游民"多以自由职业、远程工作和地理套利为途径，在传统工作样本之外，探索生活与工作的多种可能性。

例如，某00后是一名创业者，经营着一家内容营销的文化创意策划公司。她的工作是对接全国的生意，但生活在大理一个小镇里，她每天只工作一两个小时，剩下的时间，在怡人的蓝天下忙着买鲜花、见朋友、打扫院子和探索云南的美食。00后渴望的生活是"全球旅居""只工作不上班""一线赚钱三四线生活"等状态。有数据显示，目前全球有4000万"数字游民"。无国界"数字游民"机构"Global DNX"曾预计，到2035年，全球"数字游民"或采用"数字游民"生活方式进行远程工作的人将达到10亿。

00后工作观念的转变反映了人们对于工作和生活关系的反思，所以，"数字游民"赋予工作更多的可能性。也代表00后将勇敢地追求自己向往的生活。

补偿式远行：消费复苏，旅游先行

除了前面我们讲到"数字游民"这种游牧式的工作方式，补偿式远行也成了00后年轻人的新生活状态。尤其是在疫情三年结束后，"补偿式远行"被人们重新提上日程。据相关旅行平台统计，与旅游相关的商品都开始热销。比如，出行需要的智能飞行器、移动音箱、户外电源、户外投影仪等。

《旅游绿皮书：2022~2023年中国旅游发展分析与预测》指出：追求个性、重视体验消费的"Z世代"群体走向主流，他们更愿意选择旅游出行。

00后和"Z世代"更加注重自我价值和体验，他们希望通过旅行来探索世界、拓宽视野，并寻找属于自己的生活方式和价值。补偿式远行可以让他们远离熟悉的环境和日常生活的压力，投入全新的体验和挑战中，从而获得更加丰富和深刻的人生感悟。

补偿式远行的目的之一就是放松身心，缓解工作和生活中的压力。00后和"Z世代"面临着更为复杂和多元的生活环境，他们需要寻找一种有效的方式来释放压力、放松自己。旅行可以让他们远离繁忙的工作和学习，置身于美丽的自然风光和轻松愉悦的氛围中，从而减轻身心负担，提升幸福感和满足感。

补偿式远行通常与家人、朋友或同事一起进行，这种集体活动可以增强社交互动和人际关系。通过与他人共同旅行，可以增进彼此之间的了解和信任，建立更为紧密的社交网络。这种社交互动不仅可以带来快乐和愉悦，还有助于个人成长和发展。

00后和"Z世代"成长于信息爆炸的时代，他们更加追求多样化的生活方式和体验。补偿式远行可以让他们接触到不同地域、不同文化背景下的生活方式和价值观，从而拓宽视野，增强对多元化世界的认识和理解。这种多样化的体验也让他们更加珍惜自己的生活，并积极探索更多可能性。

例如，有一个案例讲的是新藏线上有四个年轻人骑行的身影，他们是两个00后和两个90后，一同从西藏的拉萨一路骑行到新疆的喀什，全程2780公里，一共用了46天。他们宁愿放弃便捷的飞机和高铁而选择"远征式"的户外探险，是为了完成骑行新藏线的挑战。这也是00后年轻人的生活态度，他们什么都想尝试，如射箭、潜水、滑雪、冲浪、徒步、骑行等。比起抵达终点，比起追求诗和远方，他们更重视过程和体验。

还有一类比较新奇的旅行，00后开始喜欢"夕阳红"旅行团，开启了蹭吃蹭喝的"团宠"模式。他们觉得老年团游更从容、节奏更舒缓的特点让自己在旅行过程中不致身体过于疲惫。还有00后直接说："我一个小年轻，爬山爬不赢大爷，砍价砍不过大妈，只能充当团宠'吉祥物'，全程蹭吃蹭喝，提前实现我想'躺平'的人生。"

从不少社交平台内容来看，也有许多00后体验了"夕阳红"旅行团，他们有人是误入的，有的陪家人参与，也有的仅仅是因为好奇而体验的，但令人出乎意料的是，给出了极高评价的人却不在少数。00后的这种热衷似乎与时尚潮流并不关联，但其实行为本身就是一种追求潮流的表现，"蹭老式消费"在当前被视为一种"潮"的方式，蹭老式消费的过程本身被认为是有意思的，是猎奇、追求新颖刺激的表现。另外，00后是被贴上"社恐"标签的一代人，反观老年人他们有一辈子的人生积淀，特别热衷交流，更像是"社牛"。所以，跟着"夕阳红"旅游团一趟走下来，老年人对年轻人的"背景"调查得门清，年轻人也对这样的交流场景和交流方式毫无压力。

更有新奇的出游方式，年轻人的出行半径缩小，想要外出游玩社交的愿望日益强烈。他们创造了新的玩法——后备箱集市。后备箱集市是一种利用汽车尾箱进行摆摊的集市形式。它起源于英国，车主们可以开着小车，带着各种物品聚集在集市进行交流和交易，如衣服鞋帽、日用杂物、书籍光碟、家具等。这种集市形式为人们提供了一个别样的购物体验。原创手工、进口零食、气球鲜花、丑萌帽子等年轻人正流行的潮流单品，都会出现在后备箱集市里。这种集市更年轻、更时尚，让城市的烟火气更足，反映了年轻人的乐观态度和对品质生活的向往。

00后的旅游有了不一样的诉求，90后、00后已经成为夜间旅游消费的核心人群，其中，女性比男性更偏好夜游。夜间旅游体验新奇且刺激，能够满足年轻人追求新鲜感和刺激感的心理需求。因为夜游活动在晚上进行，年轻人可以在繁忙的工作和学习之余放松身心，享受夜晚的宁静和舒适。让年轻人体验到不同的城市文化和风貌，感受到不同地域的魅力。

随着旅游行业的转型升级，夜游逐渐成为旅游产品的重要部分，为游客提供了更多的旅游选择。

夜游市场在近年来持续增长，吸引了更多的游客和投资者关注，这也为00后提供了更多的机会和选择。

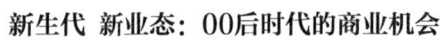

悦己消费：自我"犒赏"式消费浪潮涌起

相较于80后、90后，00后的生活条件更为优越，他们是在被鼓励和民主教育下成长起来的一代，他们是自由且自主的。在消费方面，00后更加注重自我感受与自我实现，他们更愿意为了自我愉悦、塑造个人形象以及实现自我提升而进行消费。相关数据显示，约六成的00后会因自我愉悦而进行消费，悦己消费已成为00后消费时最为普遍的动机。

悦己消费观念强调的是消费者对产品的个性化需求和体验，不再仅仅关注产品的功能性。例如，盲盒、网红小家电和个性化民宿等以"悦己"为导向的消费新热点，都是为了满足消费者自身的兴趣和情感需求。

悦己消费观念的兴起反映了人们对于美好生活的向往，同时也与购房群体年轻化有关。在购房置业时，年轻化的购房群体更加关注感性需求和居住体验，悦己消费观念表现在对房屋设计、装修风格、小区环境等方面的个性化追求。00后会追求个性、敢于尝试各种创意的产品或服务，喜欢有故事和有情怀的品牌。"悦己"的生活态度在各类消费中有所体现。例如，盲盒是走红的新兴消费品类，很多年轻人视其为"精神食粮"，天猫《95后玩家剁手力榜单》显示，潮玩手办的烧钱指数成为95后玩家剁手力榜单第一，盲盒成为硬核玩家数量增长最快的领域。同时，颜值高、口味丰富的新式茶饮也蓬勃发展。根据《2020新式茶饮白皮书》测算，其市场规模由 2017 年的 442 亿元增长至 2020 年的 1020 亿元，平均年化增速高达 32%。此外，精致小家电也成了年轻人网上拍照晒图的"网红产品"。早餐机、榨汁杯、酸奶机、煮蛋器等电器风靡全网。

艾媒咨询发布的《2022 年中国兴趣消费趋势洞察白皮书》调研数据显示，截至 2021 年，中国 90 后及 00 后人口量接近 4 亿人，已成为国内消费"生力军"。他们以提升幸福感为消费核心。悦己消费的崛起，不仅以个体的经济行为表明时代的变迁，同时展现了人们对于美好生活的追求。

悦己观念不但渗透商品购买市场，还出现在体验消费中。如个性民宿，与致力于提供标准化设施与服务的酒店相比，民宿有更广泛的文化主题，让住宿者体验到别样的生活方式与情绪表达。

不少购物中心也为了迎合年轻人的这种悦己消费而通过科技与互联网，把主题带到项目的细微之处，打造出令人印象深刻的"卫生间"。如上海丽宝乐园以"宴遇九份"为主题的洗手间；北京朝阳合生汇以嘻哈潮酷为吸睛点的卫生间。昆明呈贡吾悦广场以民族风为主题的洗手间；广州番禺祈福缤纷汇以文化为元素的洗手间等。

所以，悦己消费趋势显示，年青一代消费者不再将"吸引关注""生活所需"放在首位，取而代之的是"打扮自己""愉悦心情"。无论是物质生活还是精神世界，他们都变得越发独立，在消费动机和产品选择上更注重"自我表达"。

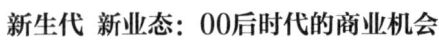

单身经济：一人居一人食

随着00后逐渐成为社会的主要消费群体，他们的消费观念和行为模式也在发生变化。00后作为单身人群，更加注重自己的情感需求和个性化追求，敢于尝试新鲜事物，同时也注重环保和可持续发展。这种消费观念的兴起与互联网技术的快速发展和社交媒体的普及有关，也与00后特有的消费观念有关。

尼尔森的《中国单身经济报告》显示，随着单身人口的不断增长，单身群体的消费实力不容小觑，将引发新一轮的消费浪潮。这些数以亿计的单身人口背后，实则蕴藏着一个庞大的消费市场，而这也是众多新消费品牌不断涌现的主要原因，同时也将是传统品牌在未来需要考虑抓住的重要市场机会。

在单身经济的推动下，许多行业开始涌入这一市场，为单身人群打造更加专属化、个性化的消费场景，如一人食经济、单身公寓、智能家居等。这些产业的出现和发展，不仅满足了00后作为单身人群的消费需求，也推动了相关产业的发展。

一些传统餐饮企业开始提供"一人食"的商品和服务。例如，半份菜品、单人食盒、一斤装的大米、200毫升的红酒、迷你小火锅等。家电行业也刮起了一股"迷你风"，不少高颜值、小容量、多功能的小家电，成为单身群体的"心头好"。

单身经济推动了娱乐领域的升级，不爱社交、拒绝烦琐、渴望个性化的00后年轻群体捧红了移动直播、网络游戏等产业。同时带来的还有迷你KTV、无人自助健身房、街头自助照相馆等，这些便是00后走出去能见到的"孤独经济"产物。

陪伴市场也成了当下年轻人孤独但又需要陪伴的特性产业，如宠物产业。宠物市场已经初步形成了从宠物交易、宠物用品到宠物医疗、美容、培训、保险的"上游+下游"的完整产业链。《中国宠物行业白皮书》显示，近三年宠物消费市场规模复合增长率超20%。千亿级大生意背后，孤独人群是主力。

以智能陪聊为卖点的智能音箱开始兴起，如苹果Siri、百度小度、阿里天猫精灵、谷歌Home、小米小爱同学、喜马拉雅小雅等。

单身经济的盛行，催生了单身群体独特的消费方式和消费文化。随着单身经济的持续火热，未来将会有越来越多的行业涌入这一赛道。如何为单身人群打造更加专属化、个性化的消费场景将成为商家们的新课题。

健康意识：持续放大健康需求

第一批00后已经开始注重健康和养生了。保温杯泡枸杞已经不是中年人的标配，年轻人也开始注重起了健康。很多人意识到健康的重要性，开始变成减肥族、跑步族、养生族和瑜伽族。

00后对于自我身心健康更为关注，他们对于自身健康问题的感知更加敏感，大多数 00 后开始迈入保健养生阶段，通过调整生活作息、购买功能性保健食品、喝茶泡脚、还债式护肤等方式来进行"自救"和养生。

养生风潮在年轻人中悄然兴起，他们对健康越来越重视，从身体、形象、气质的方方面面去实现自我蜕变。

大数据显示，早餐机、养生壶、泡脚桶已经成了 00 后喜爱的物件。他们已经成为最为健康焦虑的一代。丁香医生《2020 国民健康洞察报告》显示，在 70 后、80 后、90 后、00 后这些年龄段人群中，90 后和 00 后对健康的期望值明显增高，成为最在意自身健康状况的群体。他们最在意的有三个方面，情绪健康、身材管理和睡眠改善。00 后开始重视养生，年纪轻轻就活成了几十岁的样子。

00 后注重健康养生的原因大致有以下三点。

首先，随着社会生活水平的不断提高，健康养生观念引发了社会的广泛共识。其次，随着网络技术的高速发展，信息时代的来临，越来越多的养生网络流行梗对 00 后群体的养生观念起到了导向作用。使养生文化呈现出年轻化趋势。最后，00 后群体由于本身的个性化特征，追求养生的方式也呈现出多样化的趋势。

也有不少年轻人采用的是"朋克养生"方式。"朋克养生"是指当代年轻人的一种一边作死一边自救的养生方式。这种养生方式是一种在不愿改变现有生活状态，又惧怕变老、生病的矛盾心理驱使下的扭曲行为。

"朋克养生"人群通常会喝啤酒要加枸杞，熬长夜不忘吃保健品，吃麻辣火锅还要蘸凉水等。这种养生方式非但不能达到预期效果，反而往往会因为吃保健品就更大胆地去糟蹋自己的身体，造成更加严重的身体透支。

无论怎样，00后养生的热情令人印象深刻。他们愿意探索新的方式来改善健康，不仅关注外表美丽，更注重内在的平衡和身心的健康。

精致懒：懒人也要理想便捷的生活

如果说80后、90后的懒是追求便捷高效，那么如今00后的懒则是兼具精细和品质的生活态度。"精致懒"已经成为年青一代新的生活理念。

他们注重生活质量，希望在尽可能少的时间内完成必要的事情，同时也要保证生活的舒适和享受。

在精致懒的生活方式中，00后会使用各种智能家居设备和技术来简化生活，如使用扫地机器人打扫卫生，使用智能冰箱管理食材，使用智能家电进行烹饪等。他们也会选择便捷的外卖和网购服务，以节省时间和精力。

同时，00后在日常生活中也会注重细节和品质，如使用高品质的化妆品、穿着时尚的衣服、品尝美食等。他们追求的是一种高品质、舒适、便捷的生活方式。

知萌数据《年度消费趋势》报告显示：00后几乎可以被称为"全能懒人"，每一类都有近90%的00后中招；有79.5%的95后则是"家务指挥专家"；其中，24岁以下群体划分占"懒"人群和"宅"人群总体的56.2%和38.8%。

00后的精致懒是一种追求高品质、舒适、便捷的生活方式，以下是一些例子。

1. 智能家居的使用

00后使用智能家居设备,如智能门锁、智能照明、智能空调等,通过手机或语音控制,使生活更加便捷和舒适。

2. 外卖和网购

00后更倾向于选择外卖和网购服务,以节省时间和精力。他们可以在手机或电脑上浏览各种商品和服务,并选择最适合自己的选项。

3. 私人定制

00后注重个性化需求,他们更喜欢私人定制的商品和服务,如定制的服装、鞋子、手机壳等。

4. 品质生活

00后注重生活的品质,他们选择使用高品质的化妆品、穿着时尚的衣服、品尝各种美食等,同时也会关注空气质量、环保等议题。

5. 懒人神器

00后喜欢使用一些懒人神器,如自动洗碗机、自动扫地机器人、智能擦窗器等,以节省时间和精力。扫地有吸尘器,拖地有洗地机,晾衣服有烘干机,洗碗碟有洗碗机……当代年轻人做家务,能交给机器的,绝不自己动手干。

所以,00后的精致懒,并不是真的懒,而是既要省时省力,又能把生活过得精致。他们追求更高效地完成任务,让自己有更多的时间和精力来享受人生。

泛娱乐化：游戏是生活的一部分

00后作为伴随互联网高速发展成长的一代人，具有天然的猎奇心态和探索前沿的冒险精神。"新奇"和"稀奇"是他们消费和娱乐的主要动机，从而导致00后的消费和娱乐方式人群更加细分。00后对游戏、社交、读书的兴趣浓厚，与此同时对科技信息、娱乐资讯类应用使用更多。他们对动漫的兴趣和使用比例很高，小说紧随其后，在他们心中也有属于自己的偶像。

娱乐是人们追求快乐、缓解压力、愉悦身心的一种情感体验方式。随着新媒体技术的不断发展，娱乐的功能被逐步放大，在资本控制的信息全球化助推之下，娱乐超出了自身限度开始渗透到社会生活各领域，产生一种"泛娱乐化"倾向的虚幻世界。

"泛娱乐化"倾向的虚幻世界，是一种将人置于虚幻的想象性世界中的现象。作为"泛娱乐化"影响下成长起来的一代，00后自然成为被"泛娱乐化"俘获的主要受众群体，在接受主流文化的同时也不可避免地受到亚文化的影响。如今，云追星、网络电竞游戏、数字化健身、网络音乐等新兴娱乐项目占据了00后群体大量的业余时间，成为其日常生活的重要组成部分，同时也催生出了各种网络流行语。在表达上多用表情包和网络流行语进行，热衷于玩梗、吐槽，追逐网络潮流热点。

在信息娱乐的消费方式上，根据德勤发布的《00后媒介消费习惯报告》可以得知，00后在信息娱乐上，看电影和听音乐是最主要的娱乐消费方式。

00后对于泛娱乐化的关注，主要体现在以下五个方面。

（1）追求新鲜、有趣、多样化：00后对泛娱乐消费有着强烈的新鲜感和多样化需求，他们渴望尝试不同的娱乐方式，追求新鲜有趣的体验。

（2）注重个性化、独立性：00后更加注重个性和独立性，他们在娱乐消费中更倾向于选择符合自己兴趣爱好的产品和服务。

（3）消费理念偏向娱乐至上：00后的消费理念偏向娱乐至上，他们更加注重娱乐体验和享受，愿意为娱乐付出更多的时间和金钱。

（4）对泛娱乐内容有独特偏好：00后对泛娱乐内容有着独特的偏好，如二次元文化、短视频、音乐、游戏等，这些内容已经成为他们日常生活中不可或缺的一部分。

（5）善于利用网络平台寻找娱乐资源：作为第一代移动互联网"原住民"，00后更加善于利用网络平台寻找娱乐资源，如通过社交媒体、在线视频平台、音乐平台等获取娱乐内容和服务。

泛娱乐主义导致娱乐离实现人的本质的存在意义越加遥远，主要特征表现为以下四个方面。

1. 价值功利化

在泛娱乐主义的影响下，人们容易失去批判性和理性，成为单向度的人。尤其是资本控制下的娱乐，本质依然是娱乐。人们在消费娱乐、满足欲望的同时，也完成了对自身社会性的消解以及动物性本能的强化，这种认同反过来又给资本以力量，进一步造成娱乐的异化。然而，彻底依附于资本之下的娱乐的价值危机最终折射出的是人的发展的精神危机。

2. 价值碎片化

泛娱乐化多以休闲、搞笑和低俗的面目出现，极力弱化和避免关于价值与意义的严肃探讨。由此会让年轻人缺少必要的理性精神和独有的思维能力，多沉湎于低俗的搞笑与恶搞，最终丧失了对价值的判断力和应有的交往理性的能力。

3. 真实幻象化

娱乐的性质多数带有强烈的乌托邦色彩，满足人们对于真善美的未来期许。但遗憾的是，泛娱乐主义却将娱乐的原初价值异化为真实世界的幻象。在网络自媒体的强力推动下，各种鱼龙混杂、混淆视听的信息、谣言，"标题党""蹭热度""搅浑水""黑公关"甚至低俗、色情的内容都开始打着"娱乐至死"的旗号轮番闪亮登场，披上光鲜的外衣阔步走进人类精神生产的核心地带，成为违背公序良俗、突破价值底线的重要"污染源"。

4. 会让人成为"文化穷人"

各种电子碎片信息，把我们慢慢变得焦躁而无法专注，对于看短视频、刷剧要开倍速，习惯每十五秒就要有一个爽点的人来说，要耐着性子看完一些经典的电影和文学名著，实在强人所难。这样会对青年价值观带来消极的影响。

因此，未来给予年轻人的泛娱乐化应该走向更负责任和正向引导的层面，才会使得他们获得资讯和信息的同时，获取更多的信息价值。价值责任的严肃性，在于娱乐承载着文化思想、道德伦理和意识形态的使命，也在于娱乐如何完善生活、提升生活品质，让更多的人明白生活"不只眼前的苟且，还有诗和远方"。娱乐，不应是为娱乐而娱乐，而应该是渗透着、包容着鲜明的人文精神特质的娱乐。

国风浪潮：追求汉服与国货成趋势

什么是国风呢？就是让人一看见就能想到是中国。00后对国风的痴迷用一句话形容就是"穿着马面裙去参加毕业典礼，带上唢呐去蹦迪"。他们对国风的界定没有界限。而且国风在00后一代人中的流行并不是短暂的一股风，而是成了一种具有旺盛生命力的大众审美。同时，国风的内容也开始得到了很大程度的拓展，比如，之前集中以汉服和小摆件为主，到现在融入了日常生活，各种联名款，国货也开始纷纷走进消费者的视线。

一方面，00后受到文化怀旧心理的影响，对"过去的美好"总有一种探寻的情感，尤其是尚未全面进入社会的青年学生，这种文化心态会更加强烈。另一方面，年轻人追求个性，而中华优秀传统文化正好提供了一个取之不尽，用之不竭的素材库，他们可以在这个基础上做各种个性化表达，尤其是结合全球时尚进行创造性传播，更增强了其主体认同感与自我价值感。

00后的"国风热"是由多个因素促成的，首先，从时代环境来看，国民的生活水平和消费能力得到提升，人们对美好事物的需求开始增长。年轻人生活在一个物质优渥的时代，可以追求生活品质和张扬个性。其次，媒体对于国风、国货进行大力宣传的同时，也降低了消费门槛，加强了消费者与品牌之间的交流互动，促进了文化产品的整合营销。2017年，国务院设立"中国品牌日"以扩大中国自主品牌的知名度和影响力；2018年后，李宁、回力等品牌先后走向国际舞台，再转战国内掀起"国潮风"。最后，我国消费环境开始逐渐拥护本土文化品牌，大众消费需求进一步细分，小众圈层文化影响力提升，这些都促进了国风文化的流行。近几年，《国家宝藏》等大量优秀的国产综艺、电影、国漫带有传统文化内涵的节目频繁出现在大众视野，同样潜移默化地影响着当代人对于传统文化的认知，有效提升着国民的文化自信、民族自豪感和爱国热情，为中国品牌发展和国潮概念兴起做下铺垫。

00后对于国风的喜欢，体现在多个方面。

在音乐方面，00后对古风音乐的热爱逐渐成为一种潮流。古风音乐通常以中国传统乐器为主，结合现代音乐元素，创造出一种独特的音乐风格。00后对这种音乐风格的喜爱，不仅体现在流行歌曲中，还体现在各种网络平台上，如B站、网易云音乐等。

在服饰方面，00后对传统服饰的追捧也逐渐成为一种时尚。他们通过穿着汉服、旗袍等传统服饰，展现对传统文化的敬仰和传承。同时，他们也通过将传统元素与现代服饰相结合的方式，创造出独特的国风服饰。尤其汉服这个百亿产业，就像一朵由中国传统文化浇灌出来的花，从根本上立足于文化而生根发芽，历经几千年的生活美学和无数先辈生活方式的延续，最终在当下绽放。

在艺术方面，00后对国画、书法等传统艺术的热爱也逐渐成为一种趋势。他们通过学习这些传统艺术形式，了解和传承中华传统文化。同时，他们也将这些传统元素与现代艺术相结合，创造出独特的国风艺术作品。

在文化方面，00后对传统文化的了解和传承也逐渐成为一种责任。他们通过阅读经典文献、学习传统文化知识等方式，了解和传承中华传统文化。同时，他们也将传统文化与现代文化相结合，创造出独特的国风文化产品。

有人分析，由年轻人痴迷国风而带来的消费热潮正在显现，可以称为"新国潮"。"国潮热"的背后是青年群体对民族、国家、传统文化的自信。《中国青年报》社会调查中心数据显示，不同代际人群的民族自豪感逐步上升，95后人群拥有强大的爱国热情、文化自信和对主流意识形态的认可，已然成为促进国潮兴起的重要力量。80后是国潮推手，90后是国潮中坚力量，00后则是国潮的潜力股。在2023年"双11"，00后群体展现出了旺盛的国潮消费能力。00后对国潮的喜好，不限于古风商品，在知名的电商平台数据统计中发现，00后对国潮手机、耳机、智能手表的交易金额已经达到去年的3倍有余；部分国潮联名IP产品的销量同比增速近200%。

对于国货的选择，00后的特点被红杉资本在对00后消费洞察的报告中强调：00后更习惯于主动搜索，44%的00后会通过这种方式完成购物；而在"被推荐"环节，00后更相信来自朋友同学的建议，超过64%的00后会因此而做出消费选择。这种被推荐反映的正是00后的圈层社交，他们需要在某个更垂直类、更私域化的圈子中获得认同。

00后热衷国潮国货，但对"伪国货"产品却不买账，在潮玩圈，国潮系爆款玩具会在不到三周的时候被"模仿"，在服装领域，国货品牌的潮流风格新品，也会在一周之内成为行业共识，这种同质化和"伪国货"现象，特别容易引起00后的反感。

所以，当这批对传统文化和本土美学有更深理解的00后进一步成为消费主力时，品牌如何满足他们对国潮国货的需求，将成为研究和发展的重点。

科技热：虚拟融入现实，用科技加持消费体验

随着数字科技的进步和发展，互联网重新定义了现实和虚拟，人们对社会的认知也正随之发生变化，受影响最大的莫过于青年一代。元宇宙的建立，离不开科技的发展，而其中一项关键技术就是交互技术。包括了VR虚拟现实、AR增强现实、MR混合现实等。00后同时在虚拟世界和现实世界中学习技能、建立关系，青年一代表现出了对科技的热衷，虚拟融入现实，用科技加持消费体验。

00后的"科技热"，热衷于虚拟和现实结合，主要体现在以下几个方面。

00后对于虚拟现实技术有着极高的兴趣，他们通过使用VR设备，可以身临其境地体验到虚拟世界的魅力。这种技术的出现，使得他们可以在家中就能享受到沉浸式的游戏体验，或者通过VR设备参观各种展览、景点等。

人工智能是近年来科技领域的一个热门话题，00后对于人工智能也表现出了极高的热情。他们通过使用智能家居设备、智能音箱等产品，享受到了科技带来的便利。同时，他们也通过参加人工智能相关的课程和竞赛，深入了解和学习这个领域。

00后具有较强的动手能力和创新意识，他们通过参与各种科技制作和创新活动，将科技应用到实际生活中。例如，他们可以通过编程控制机器

人、制作无人机等，或者通过3D打印技术制作个性化的产品。例如，成立于2021年1月的AVAR就是一家虚拟人智能应用服务商，应用场景有虚拟偶像、虚拟时尚、数字藏品等。

例如，在2022年西安"双创"成果展上，以秦兵马俑、不倒翁小姐姐、秦腔人物、西游人物、古代"四美"等为人物原型打造的动漫艺术品，时尚感爆表。在传播与购买渠道上，博物馆应用VR、AR和AI等前沿技术，突破时间和空间的限制，实现数字化、科技化，线上线下相结合的模式，除了实物的产品还有虚拟的数字藏品，让年轻人从种草到购买一气呵成。

另外，元宇宙的火热，也为00后提供了更多探索空间和领域。元宇宙为年轻人提供了一个全新的社交平台，在这里他们可以与来自全世界的人进行互动和交流。这种社交方式不仅打破了地域限制，还能让人们在虚拟世界中体验到前所未有的互动乐趣。元宇宙是一个充满创意和想象力的空间，年轻人在这里可以充分发挥自己的创造力，打造属于自己的虚拟角色、场景和物品。这种创意发挥的过程不仅能够激发他们的创新思维，还能让他们感受到创作的乐趣和成就感。元宇宙也是一个娱乐休闲的平台，年轻人可以在这里观看虚拟电影、参加虚拟音乐会、玩虚拟游戏等，享受各种娱乐休闲活动。这种娱乐休闲的方式不仅能够让他们放松身心，还能让他们感受到其中的乐趣和快感。元宇宙的发展带来了无限的商业机会，年轻人可以在这里创业、投资和交易。这种商业机会不仅能够让他们获得经济收益，还能让他们在元宇宙中实现自我价值。

00后不仅是数字"原住民"，还拥有前所未有的科技素养。他们是数字时代的产物，他们与智能手机、社交媒体和互联网一同成长。因此，他们对科技的应用自然而然地融入了生活的方方面面。例如，00后进行虚拟交友，他们在社交媒体上结交新朋友、交流想法、分享经验等。通过社交媒体，他们可以扩大社交圈子，与来自世界各地的人进行交流和互动。许多00后喜欢在游戏中结交朋友。通过游戏中的团队合作、竞技对抗等方式，他们可以与来自各地的玩家建立联系，分享游戏经验，甚至组建自己的游戏公会。在虚拟世界，如《第二人生》《我的世界》等为00后提供了一个全新的交友环境。在这里，他们可以自由探索、创造和交流，结交志同道合的朋友。聊天室是一种传统的虚拟交友方式，00后可以通过聊天室结交新朋友、分享故事、交流兴趣爱好等。一些聊天室还提供了语音和视频聊天功能，使得用户之间的交流更加真实和生动。一些00后对虚拟偶像产生了浓厚的兴趣，他们通过关注虚拟偶像的动态、参加虚拟偶像的线上活动等方式，与其他粉丝建立联系，分享对虚拟偶像的热爱和追捧。再如，进行虚拟直播。在直播间面对观众的形象往往不是自己真实的形象，而是通过虚拟的二次元形象与大家进行互动，这是一种突破传统次元壁的新型放送形式。

未来00后在消费体验方面会依赖于科技手段增强体验感。例如，消费者可以通过AR技术在购买服装前预览不同款式、颜色和尺码的效果，或者在购买家居用品时查看虚拟布置效果。AI客服可以通过自然语言处理和智能推理等技术，为消费者提供更加智能、个性化的服务。例如，智能客服可以根据消费者的购买历史和偏好推荐相关产品，或者在消费者咨询问题时提供快速、准确的解答。智能家居可以通过物联网等技术，将家居设备与手机、平板等智能设备相连，实现远程控制、定时任务等功能。消费者可以通过智能家居控制家电的开关、温度、湿度等，提高生活的便利性和舒适度。VR技术可以创建虚拟的场景和体验，为消费者提供沉浸式的消费

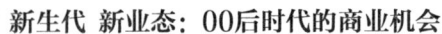

体验。例如，消费者可以通过VR技术在购买游戏或电影前预览游戏场景或电影片段。3D打印技术可以将数字模型转化为实体物品，为消费者提供更加个性化和高效的消费体验。例如，消费者可以通过3D打印技术定制服装、鞋子、手机壳等物品，或者在购买玩具时打印出个性化的模型。

价值追求：产品功能价值和情感价值双重需求

消费领域也在不断迭代，最初是低价消费阶段，消费者在这个阶段对于价格非常在意，低价是消费者购买产品时最关注的因素。第二个是性价比消费阶段，随着一些电商平台的崛起，消费者除关注价格之外，也开始关注产品性能。第三个阶段就是当下的兴趣消费，萌芽于近两年，年轻人开始愿意为情感价值买单。以90后和00后为消费主力的市场，他们开始体现出对产品功能和情感价值的双重需求。

00后对产品功能价值和情感价值的双重需求是指他们在购买和使用产品时，不仅关注产品的功能价值，还重视产品的情感价值。

什么是情感价值呢？

在电影《肖申克的救赎》中，安迪·杜佛兰特被错误定罪并关进监狱，但他始终保持着希望和尊严，通过自己的智慧和勇气生存下来，并帮助其他囚犯。他的坚强和勇气传递了希望和自由的情感价值，引发了观众的共鸣和情感支持。

在小说《百年孤独》中，马尔克斯通过描写布恩迪亚家族的百年沧桑，刻画了人性的种种缺陷和美好，同时也传达了深刻的爱、孤独、幻觉等情感内涵，成为 20 世纪最重要的文学作品之一。

在电影《阿甘正传》中，主人公阿甘是一个心地善良、乐观向上的人。虽然他有智力障碍，但他通过自己的努力和坚持，成了一名足球选手、士兵、跑者等，并在人生中获得了幸福和满足。他的故事传递了勇气、爱与希望的情感价值，激励了无数观众。

这些例子都证明了情感价值的重要性，无论是希望、自由、勇气、爱还是孤独等情感内涵，都可以通过产品或服务传递给用户，从而使用户获得良好的情感体验。

一般来说，产品有两个价值，一个是功能价值，一个是情感价值。功能价值解决基本的生存问题；情感价值则是通过选择自己钟情和喜欢的东西，满足心理层面的需求。

对于功能价值，00 后希望产品能够满足他们的实际需求，提供高质量和可靠的性能。例如，他们可能会考虑一部手机是否具有最新的处理器、大容量内存和快速的充电技术，以获得更好的使用体验。对于情感价值，00 后希望产品能够引发他们的情感共鸣，让他们感到愉悦、满足或与产品产生情感联系。例如，他们可能会喜欢一个品牌或产品的独特设计、个性化定制或与产品相关的故事或价值观。

在购买产品时，00 后可能会进行更多的比较和评估，不仅考虑产品的功能价值，还要考虑产品的情感价值。他们可能会通过社交媒体、在线评论和论坛等渠道获取其他用户的评价和意见，以帮助他们做出购买决策。

00 后注重自我表达，热衷于购买具有个性化和创意的产品，如定制化服饰、化妆品等。他们也会将自我的价值观投射进商品之中，在意物品背后的品牌文化，认可本土品牌，推动国货的迅速发展。例如，雇用残疾人员工的白象方便面公司、为救灾捐5000万元的"鸿星尔克"，这样的品牌和产品背后的价值理念也会被00后看作商品价值的一部分，他们也愿意为此买单。

产品价值、服务价值和体验价值是用户重视的三大价值要素。体验价值里又包括情绪价值，也就是指产品为用户所带来的情感层面的满足感和愉悦感。它不仅仅关乎产品的实用性，更关乎用户在使用产品时产生的情感共鸣，进而建立起对产品的忠诚和喜好。

品牌要能给00后消费群体带去情感价值，可以从以下三个方面着手。

一是情感信任，年轻人更加关注企业的道德操守和社会责任。他们对企业品牌背后所承担的意义更加关注。所以，想要吸引年轻群体，要有更深刻的品牌内涵，不能只是从产品的功能性角度入手。

二是产品的娱乐性。这个时代的年轻人一定是把娱乐融入生活的所有环节。所以，品牌需要提供全景体验，提供内容和娱乐的体验，因此，所有的企业都要成为媒体性的公司，要会生产内容。

三是尊重年轻人的超级个性化，要俘获他们的心，就要为他们量身打造产品。今后超级个性化也将成为品牌必须提供的一项服务。

第四章
针对00后新生代的商业机会

适应00后消费偏好的产品设计和开发

目前品牌和企业在谈到"用户"和"受众"的时候，提到的高频词大概是"现在的年轻人"。这个词可以替换为95后和00后。

严格意义上来说，在我国，00后是非常重要的受众。他们和忙于养家糊口的70后、80后不同，他们花钱更舍得，而这些可供随意使用的经济支配权，能够构成一个巨大的市场。在未来的三至五年，00后用户将会占整个消费群体的40%，他们的消费规模和消费能力正在不断扩大，毫无疑问，他们的消费高峰期还在后面。

但由于目前是一个信息量过载的时代，每个人的耐心有限，所以才会有"注意力经济"这一提法。00后的年轻人将比我们想象中注意力集中的时间还要短。谷歌在2012年出具过的一份统计数据表明，用户对于网页的注意力集中时长，从12秒下降到9秒。对于整个00后人群，不只是在浏览网页时，在多数时候，他们的注意力集中的平均时长为8秒。所以，要想打动他们和留住他们，那么你的产品和服务必须拥有时间窗口，必须能够对他们进行"即时满足"。00后习惯于对自己感兴趣的内容进行热搜，他们通过社交媒体、热搜和趋势排行榜，快速地了解最热门、最流行的内容。一旦他们针对特定的信息点表现出足够的兴趣和关注度，那么他们会开始专注于这个信息点，向下挖掘。所以，针对00后消费行为的产品设计，是要在对他们了解的基础上进行有针对性的设计和开发。根据《中国首份00后大学生消费大数据报告》，对00后大学生的消费现象及趋势进行了全面解读。通过线上获取信息来源是00后的主要途径，并且对权威性的线上平台信任度较高，商业项目可以与线上知名平台合作，宣传推广项目和产品信息，包括但不限于各大门户网站如微信、QQ、小红书、今日头条、哔哩哔哩等。线下的话，00后多集中于高校和社区，商业项目与产品推广应多与各大高校社团进行合作、赞助社团活动，积极参与学校相关的各种赛事举办，在高校里的00后当中形成影响力。除此之外，00后对于朋友之间的推荐也比较感兴趣。

因此，针对00后的消费偏好进行的项目和产品的设计开发需要通过打造丰富多彩的内容，加上多种渠道并举的宣传，在项目区域内形成话题热度和影响力，这样才能深耕区域内00后消费市场，挖掘到更多商业价值。

以下是一些可能的产品设计方面的建议。

（1）兴趣导向的产品设计：00后对兴趣有着强烈的追求，因此产品设计中应注重与兴趣相关的元素。例如，可以设计一些定制化的产品，让用户能够根据自己的兴趣和喜好进行选择和定制，以满足他们对个性化的需求。

（2）社交互动的产品设计：00后对社交互动的需求很高，因此产品设计中应注重社交元素。例如，可以设计一些能够促进社交互动的功能，如共享功能、社交媒体集成等，让用户能够与其他用户进行互动和交流。

（3）高品质的产品设计：00后对品质的要求很高，因此产品设计中应注重高品质的元素。例如，可以设计一些采用优质材料、工艺精细的产品，以满足他们对品质的要求。

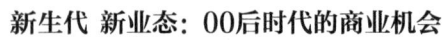

（4）情感化的产品设计：00后对情感化的需求也很高，因此产品设计中应注重情感化的元素。例如，可以设计一些能够激发用户情感的产品，如采用温暖的颜色、可爱的造型等，让用户能够感受到产品背后蕴含的情感和温度。

（5）创新性的产品设计：00后对创新性的需求也很高，因此产品设计中应注重创新性的元素。例如，可以设计一些采用新技术、新工艺、新材质的产品，以满足他们对创新性的需求。

符合00后消费心理的品牌营销策略

每个时代的消费者都有他们的喜好与需求，对于00后亦是如此，越是年轻的群体越需要做进一步的品牌精神文化的细分。

00后群体大部分属于单身和没有建立家庭的阶段，他们并没有70后、80后那样"上有老下有小"的家庭压力。他们相对是一个比较感性的群体，也容易受他人影响。比如，现在流行的粉圈文化最有代表性，00后群体会把自己所欣赏的人作为自己行为的参照。除了明星和名人之外，还有新媒体平台的"意见领袖"等。在营销中，如果能抓住这类群体的高知和参照群体现象，企业可以在营销中采取"意见领袖"的方式。利用00后群体作为代言人来传递品牌精神理念，以此撬动整个年轻人的市场。如果营销做得好，还可以让他们成为品牌的布道者，他们会主动进行口口相传。同时，企业要赢得00后群体的偏爱，需要大力去发掘这个群体的流行语言、词汇、行为和心理，并要学会将这些元素融入产品研发和传播策略中，这样才能建立他们的认可度和信赖度。可以利用00后的语言符号进行品牌营销。例如，瑞幸咖啡就注册了"YYDS"（歪歪滴艾斯）的商标，未来可能会针对该名字做一系列营销。

在年轻群体中，网络已超越平面媒体担起传播重任，线下体验超越了线上体验成为品牌沟通消费者的利器，而品牌共创越来越成为品牌和粉丝关系的新模式。私域作为一种离用户更近的沟通渠道将变得越来越重要。

私域流量是相对公域流量来说的，是指由商家自主运营，可以反复自由利用的、免费的、可随时直接接触的流量资源。一般搭建私域流量池的阵地是商家的小程序、公众号、个人App、社交平台个人号、社群等。未来的品牌如果不做私域流量，一定会死掉，所以打造私域流量已经成为品牌的必经之路。那么，做好私域流量的核心，首先要理解其目的，私域不是把你的朋友和家人在自己朋友圈里拉个群发发朋友圈和广告，就幻想着收钱，这是错误的想法。

私域流量中品牌与粉丝的关系，最确切地说，他们应该是建立在相同价值观上的命运共同体。没有粉丝就没有私域，没有私域流量池也不会有真实的粉丝。粉丝是影响力的一种数字变现，私域是粉丝的精神归宿载体。真实粉丝越多，私域流量越有价值。所以，并不是你拥有几千万粉丝，就一定是超级私域流量。一个私域流量如果没有精神号召力，它就是残缺的。拥有再多的粉丝，也只是个数字，只是个"自嗨"的幻象，不会具有太多的商业价值。

以瑞幸为例，目前瑞幸的私域营销效果很出众，他们的这种私域玩法被称为"效率派"，他们以优惠券的形式吸引消费者下单，并通过软件群控完成规模化。再如，完美日记的私域营销则更有优势一些，每一个"小丸子"都是真实的个体。

除了私域之外，通过艺术与现代科技结合的感观营销也少不了。比如，目前流行的"直播+电商"模式，让年轻人能够完成从种草到购买的全流程打通。因此，营销可以用AI、大数据标签整合所有兴趣，也可以为品牌找一个更高级别的"精神理念"降维打击，但无论用任何方式都不要错过科技带来的商机。

00后都是个性化的代表，所以营销也要打造差异化，进行个性化营销。比如，凭借魔性主题曲火爆B站的蜜雪冰城，魔性的洗脑风格，让人过耳难忘。"你爱我，我爱你，蜜雪冰城甜蜜蜜"单曲循环直到风靡大街小巷。

总体来说，针对00后消费心理的品牌营销策略，可以从以下七个方面展开。

1. 创新的产品设计

00后对产品的外观和功能有着更高的要求。品牌可以针对00后的消费心理和需求，创新产品设计，以满足他们的个性化需求。例如，通过定制、个性化等方式，让产品更符合他们的喜好和需求。

2. 社交媒体营销

00后是社交媒体的主力军，他们更倾向于在社交媒体上获取信息、分享观点和体验。品牌可以利用社交媒体平台，与00后消费者进行互动，传播品牌故事和价值观，提高品牌知名度和美誉度。

3. 情感营销

00后更加注重情感体验和情感联结。品牌可以通过情感营销，与00后消费者建立情感联系，传递品牌态度和价值观。例如，通过讲述品牌故事、塑造品牌形象等方式，让00后消费者对品牌产生情感共鸣和认同。

4. 娱乐化营销

00后更加注重娱乐和休闲。品牌可以采取娱乐化营销策略，将产品或服务与娱乐元素结合，吸引他们的关注和兴趣。例如，通过与娱乐明星合作、举办娱乐活动等方式，让产品或服务更具娱乐性和吸引力。

5. 个性化定制

00后更加注重个性化和定制化。品牌可以提供个性化定制服务，让消费者能够根据自己的需求和喜好定制产品或服务。例如，通过提供定制化选项、定制化包装等方式，满足他们的个性化需求。

6. 多元化的支付方式

00后更加注重便捷和快速的支付方式。品牌可以提供多元化的支付方式，包括线上支付、移动支付、分期付款等方式，以满足他们的支付需求。

7. 互动式的营销活动

00后更加注重互动和参与。品牌可以举办互动式的营销活动，如抽奖、答题、投票等，让他们能够积极参与并获得奖励。这样可以提高他们的参与度和忠诚度。

懒人经济崛起，一站式服务成"新宠"

近年来，懒人经济盛行，上门服务不断涌现，如上门取送快递、送外卖、跑腿代买、上门保洁、上门收纳等。懒人经济的崛起，主要是由于现

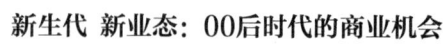

代生活节奏加快，人们的时间成本上升，对方便、快捷、高效的服务需求与日俱增。

为了更好地满足消费者日益增长的消费需求，不少中小微企业和个体工商户也都将服务从"点单式"向"送上门"转变，中小微企业更多是提供上门服务，明确开展质量基础设施"一站式"服务。"懒人经济"破圈，破的不仅是时间、空间的壁垒，而且打破了商业平台、实体中介垄断，实现高度的"点对点"和"面对面"的服务场景。懒人经济的发展催生了一些新的行业，如上门做饭、整理收纳师、上门美甲师、职业遛狗师等。

懒人经济是年青一代消费方式的必然产物，也是各类民生领域在数字化的影响下，产业的细化、圈层化，甚至私人化。懒人经济并不是"懒"，而是科技力量对服务升级转型的倒逼，在其他消费端也初见端倪，如家庭小火锅、线上瑜伽、智能家居产品等都兼具"高品质"与"精致懒"的特质，受到了越来越多年轻人的追捧。

无须出力，所有的家务一键解决；足不出户，新鲜的饭菜准时到家……一些在多年前仍是"概念"的场景，正在逐渐成为许多人生活的常态。促成这些变化的核心动力，就是"懒人们"的需求。如果说，过去的"懒"追求的是高效和便捷，如今的"懒"则是兼具精细和品质的生活态度。"精致懒宅"正成为年青一代新的生活理念。这些年轻人未必都是懒人，但在快节奏的生活中，时间高度碎片化，以衍生出来的各种便捷服务为切入点，才有了新型职业。

阿里研究院报告显示，预计到2036年，中国可能有4亿人属于零工经济的自由职业者。这4亿人口，互联网相关产业几乎就占去大半，大体分三类：一是以充当物与服务为中介，扮演跑腿的；二是以"平台"为主线，实现人找服务、服务找人的高效对接；三是以"数据"为核心，升级智慧化服务，对接高端市场。

在懒人经济崛起的时代，一站式服务成了满足消费者需求的有效方式。以下建议可以帮助你进行一站式服务。

1. 整合资源

将与业务相关的资源进行整合，包括产品、服务、资讯等，为消费者提供全面的解决方案。例如，可以将家电维修、家政服务、物业管理等资源整合在一起，为消费者提供一站式的家庭服务。

2. 提供多元化的服务

针对消费者的不同需求，提供多元化的服务。例如，可以提供家电清洗、家庭保洁、衣物清洗、维修安装等服务，满足消费者的不同需求。

3. 优化服务流程

优化服务流程，简化操作步骤，提高服务效率。例如，可以通过在线预约、智能化服务等方式，提高服务效率和质量。

4. 打造良好的用户体验

在服务过程中，注重消费者的体验和感受。例如，可以提供贴心的服务建议、温馨的服务氛围、及时的服务响应等，提高消费者的满意度和忠诚度。

未来会做懒人生意的人，将会成为赢家。如何正确把握懒人思维呢？

1. 以提高生活效率为契机

生活节奏日益加快，人们更愿意将生活的重心放在更有价值的地方，所以，能够提高生活效率、提供便捷性的产品或服务成为近年来的热门。例如，工作日午休，去店里排队不如点个外卖等着上门，外卖懒得点还可以选自热食品；家人出门忘带钥匙，自己去送不如喊个跑腿；就连亲自下厨，超市里那些搭配齐全的净菜也受到不少用户的喜爱。

2.品牌要将产品和服务设计得符合消费者生活习惯

例如，越来越多的人重视健康和养生，一天几顿地提醒自己吃各种保健品并不符合生活习惯。有部分品牌将营养素做成软糖、果冻、饮料等形态，膳食纤维粉可能会闲置，但含有膳食纤维的饮料很容易喝完。

3.降低消费者动脑成本

消费者看到、听到你的产品和广告，就能直观地了解到你卖的是什么东西。例如，速溶咖啡包装改成小咖啡杯、辣椒酱的包装设计成一根红辣椒，这样在视觉上不让消费者动脑，简单直白地突出卖点反而更有效果。

品牌要注入创意元素和新颖内涵

比尔·盖茨曾说："创意具有裂变效应，一盎司创意能够带来无以数计的商业利益和商业奇迹。"随着00后成为消费主力，品牌发展更需要注入创意的新鲜元素和专注内涵，才能持续吸引他们的注意力。

什么是创意元素呢？从实践来看，文化、情感和其他人类社会的精神元素，在和品牌交汇融合的过程中，都将带给品牌不一样的魅力，使品牌不仅具备经济属性更具人文和社会属性。

00后关注品牌的创意元素，这主要是因为他们成长在一个信息爆炸的时代，深受数字技术的影响。他们对于品牌的理解和认同，往往与品牌所展现的创意和创新元素密切相关，更与品牌背后的新颖内涵有关。以追星为例，作为路人，看到的只是明星的外表和八卦；但对喜欢明星的人来说，他们会了解明星出道前的努力和人设，以及明星为自己的热爱所付出的努力的态度得到了粉丝的认可和喜爱，这就是背后的内涵所起的作用。

因此，在消费上，00后更加关注品牌背后的故事，以及品牌传递出的信念感，而不仅仅是普通的特殊。

品牌故事，如奥利奥在品牌传播层面就是在讲各种各样的"奇思妙想"。又如，2017年瞬间断货的奥利奥音乐盒，2019年的奥利奥故宫视频，每一个帮助用户发现"奇思妙想"的内容，一起构成了一个用户感知上的故事：奥利奥带来的年轻人喜欢的、有趣的、有料的创意。

所以，以00后为代表的年青一代，他们的需求不再是好吃，更重要的是有趣、能晒朋友圈。

很多品牌都知道了创意元素的重要性，所以纷纷借着国潮开始了别样的品牌营销与宣传。例如，国潮圈里从大白兔糖唇膏、回力球鞋的再度走红、晨光文具与京剧联姻到人民日报出T恤，这都是"国潮+创意元素"的新组合。再如，百雀羚国货品牌，除了一直让自己变得"年轻"之外，还用非常"接地气"的方式跟年轻人讲故事，以百雀羚的"穿越大片"《韩梅梅快跑》为例，广告用穿越的形式传达了最让年轻人产生共鸣的"做自己"的主题。百雀羚还通过"入侵"二次元，针对90后、00后以及喜好二次元的人群跨界推出了洛天依限量产品，其文案"愿你单枪匹马，也能漂亮面对"，将产品功能与用户心理诉求做了很好的结合。

所以，面对新的消费人群，品牌需要新的创意元素和内涵。以下是一些建议，帮助品牌吸引00后的关注并注入新鲜的创意元素。

1. 利用社交媒体进行创意营销

在社交媒体平台上,品牌可以通过创新的营销方式来吸引00后的关注。例如,利用短视频、直播等形式展示产品的特点或与消费者互动。

2. 独特的品牌故事

品牌可以通过讲述独特的品牌故事来吸引00后的关注。这些故事可以是关于品牌的历史、创始人的经历或是与品牌相关的趣闻逸事。

3. 与时尚潮流结合

00后对于时尚和潮流非常敏感,因此品牌可以与时尚产业合作,推出联名款或是以时尚元素为主题的产品,以此吸引他们的关注。

4. 互动体验

品牌可以通过提供互动体验来让00后参与其中。例如,利用虚拟现实技术让消费者体验产品的特点或是通过游戏化的方式来增加品牌的趣味性。

5. 注重可持续发展

00后对于可持续发展非常重视,因此品牌可以注重环保和社会责任方面,以此吸引他们的关注。例如,采用环保材料制作产品或是推出关注社会问题的公益活动。

6. 利用科技元素

00后对于科技非常热爱,因此品牌可以利用科技元素来增加品牌的创意和吸引力。例如,利用人工智能技术改进产品或是通过大数据分析来了解消费者的需求和行为。

品牌要跟00后消费者的兴趣领域绑定

有一句话说,新消费的打开方式是品牌后撤,共鸣前置。如何让品牌与消费产生共鸣呢?人们对自己感兴趣的东西才会有共鸣,有60%的00后表示"很多决定都是我自己做的,只要我感兴趣的,我就会有自主决定权"。所以,品牌要跟00后消费者的兴趣领域绑定,才能真正抓住他们的心。

消费者的兴趣是品牌定位的重要依据。品牌在定位时需要了解目标受众的需求和兴趣点,根据这些信息来制定相应的营销策略和产品定位。如果品牌能够准确把握消费者的兴趣爱好,就可以更好地满足他们的需求,提高品牌认知度和忠诚度。

通过了解消费者的兴趣领域,品牌可以找到与目标受众建立联系的共同点和话题,从而增强品牌与受众之间的互动和沟通。这种互动和沟通可以让品牌更好地了解消费者的需求和反馈,进而不断优化产品和服务。

在市场营销中,市场细分是品牌进行目标受众定位的重要环节。通过了解消费者的兴趣领域,品牌可以更好地对市场进行细分,并针对不同受众群体制定差异化的营销策略,从而提高品牌的市场占有率和竞争力。随着市场竞争的加剧,品牌需要不断创新来保持领先地位。通过了解消费者的兴趣和需求变化,品牌可以及时调整产品和服务策略,推出符合市场趋势的新产品和新服务，从而保持品牌的竞争优势。

目前不少大品牌已经不再把流量视为首位，而是放弃一些短期的利益让消费者明白目前中国本土新兴的消费品牌，是如何在不同的时代背景中沉淀出自己的内涵，又是如何更为敏锐地捕捉到消费者的心智与情绪，让品牌真正成为他们生活与内心情感的一部分。

人民网研究院携手腾讯营销洞察、腾讯用户研究与体验设计部对00后展开过深入调查研究，发表《消费态度家 潮流推波者：2021 00后生活方式洞察报告》，聚焦00后人群的消费态度、兴趣元素、触点偏好，全面呈现00后偏好何种消费方式，乐于为哪些内容买单，如何做出消费决策等问题。发现00后对品牌产生的兴趣往往是品牌具有新锐理念、快速迭代的创新产品、浓厚的文化底蕴等。例如，有喜欢汉服的00后会说："我喜欢汉服，这是我最大的兴趣爱好，平时会穿着汉服出门，所以买日常穿的衣服时会考虑是不是可以再买一件汉服而不是说去商场买那些品牌的衣服。"还有的00后会为自己感兴趣的内容付费，比如，他们会说："现在很多平台都在做自己的内容和节目，哪些做得好，哪些不好，只要试看过一番我就会知道。为了看那些优质的内容，我觉得付一定的费用还是合理的，沉浸在内容里的体验感会更好。"

作为陪伴移动互联网成长的一代人，00后对各种社交应用得心应手，他们以兴趣为导向形成社交圈，也以兴趣驱动消费。在消费方面，他们只要足够热爱，就愿意为此买单。

品牌与消费者的兴趣领域绑定是一种有效的营销策略，可以帮助品牌更好地与目标受众建立联系，并增强品牌形象和知名度。

通过了解消费者的兴趣领域，品牌可以更好地定位自己的产品或服务，并针对目标受众的需求和兴趣点制定相应的营销策略。例如，如果一个品牌知道它的目标受众是音乐爱好者，那么它可能会在音乐节或音乐会上宣传其产品，或者与知名的音乐人合作推出联名产品。

此外，与消费者的兴趣领域绑定也可以帮助品牌建立自己的专业形象。如果一个品牌在某个特定领域有深入的了解和专业知识，那么它可以利用这些优势来吸引目标受众，并在该领域建立自己的权威地位。

最后，与消费者的兴趣领域绑定还可以帮助品牌与消费者建立情感联系。当品牌与某个特定的兴趣领域绑定时，它可以让消费者感到该品牌与他们的兴趣和价值观相符，从而建立一种情感上的联系。

假设有一个名为"乐途"的鞋类品牌，其目标受众是跑步爱好者。通过市场调研和数据分析，乐途发现它的目标受众对舒适性、透气性和耐用性非常重视。因此，它决定推出一款符合这些特点的跑步鞋。

为了推广这款跑步鞋，乐途制定了一个营销策略，旨在突出产品的优点和引起目标受众的兴趣。首先，它制作了一则以"透气、舒适、耐用"为主题的广告，并配以动感的音乐和跑步场景，以吸引目标受众的注意力。

随后，乐途在社交媒体平台上发布了一系列关于跑步技巧、健康生活方式和产品特点的帖文和视频，以吸引目标受众的兴趣并提高品牌知名度。此外，它还与一些知名的跑步博主和社群合作，让他们体验并推广其产品。

最后，乐途还举办了一场线上跑步比赛，邀请跑步爱好者参与并穿着其跑步鞋进行比赛。将比赛结果和参与者的体验分享在社交媒体平台上，进一步提高了品牌知名度和认可度。

给他们个性化、有情感联结的产品

00后一代是数字化时代的"原住民",他们成长于信息爆炸的时代,对于个性化的追求比之前的任何一代人都更加强烈。他们希望通过购买个性化的产品来彰显自己的独特性和与众不同。00后更加注重情感方面的满足,他们希望通过购买有情感联结的产品来获得情感上的满足和安慰。社交媒体的普及使得00后更加注重自己在社交平台上的形象和身份认同。他们希望通过使用个性化的产品来展示自己的个性和风格,从而在社交媒体上获得更多的关注和认可。

因此,产品需要具备个性化并能与00后产生情感联结,方能赢得年轻消费者的青睐。

他们需要的不是有距离感的产品,而是有个性化、有情感联结点的产品。所以,品牌在用产品触达年轻人情感时,也要跳出常规视野,创造新的感性体验。想让年轻人喜欢你,除了深刻洞察,更要让他们"心动"。

老品牌也纷纷开始转型和跨界做起年轻人的生意,他们用音乐、影视、偶像等泛娱乐来满足年轻人的需求,传递品牌的年轻态。比如,珠宝品牌I Do,大胆跨界推出香水产品,起用年轻偶像组合NPC当代言人,打破"局限情侣"的思维放了一个大招,继"520"后,第二波NPC小哥哥在七夕重磅发布,掀起#七夕盒你表白#的饭圈热词,给年轻人带来一场甜蜜暴击,深深打动了年轻人的心。

还有一个案例是甘肃省博物馆推出的"马踏飞燕"玩偶在网上爆火，上线当天就被售空。甘肃省博物馆回应称："该款毛绒玩偶线上线下均已售完，正在全力补货中。"甚至设计师都出来亲自表示："恨不得自己去踩缝纫机。"说明受人追捧的不是马踏飞燕，而是"容易让人上头"的丑萌玩偶形象符合了年轻人对"丑萌"潮流的个性化需求。

所以，针对具有个性化和情感联结需求的00后，以下是一些产品建议。

1. 智能家居产品

随着科技的发展，越来越多的智能家居产品涌现，如智能音箱、智能灯泡、智能插座等。这些产品不仅方便了年轻人的生活，而且能满足他们对科技和个性化的需求。例如，智能音箱可以通过语音控制家中的电器，让年轻人享受智能化的生活。

2. 潮流服饰

年轻人对时尚和潮流有着敏锐的嗅觉，他们喜欢通过穿着来表达自己的个性和态度。因此，设计独特、富有创意的潮流服饰可以吸引00后的注意力。例如，一些设计师品牌可以通过推出限量版、联名款等方式来吸引年轻人的关注。

3. 定制化产品

00后注重个性化和独特性，他们希望拥有的产品是独一无二的。因此，提供定制化的产品服务可以满足他们的需求。例如，一些手袋、鞋履和配饰品牌可以提供定制服务，让年轻人可以根据自己的喜好和需求来选择颜色、材质和设计。

4. 健康养生产品

健康养生已经成为年轻人的生活方式之一。针对这一需求，可以推出一些健康养生产品，如健康食品、健身器材、按摩器等。这些产品可以帮助年轻人保持健康和舒适的生活状态。

5. 文化创意产品

00后对文化有着浓厚的兴趣，他们喜欢通过各种方式来了解和表达文化。因此，推出一些文化创意产品可以吸引他们的关注。例如，一些文创品牌可以设计出富有创意和文化内涵的笔记本、书签、明信片等产品，让年轻人在使用这些产品的同时也能感受到文化的魅力。

00后要看你是否懂他们

按照年轻人自己的话来说："我希望有人感同身受，可以指点我的生活，但我不希望有人对我的生活指指点点。"说白了，他们要的是"懂我"。品牌想要赢得消费者，就要"懂"他们。

品牌要"懂"消费者，原因在于消费者在购买产品或服务时，往往基于自身的需求和期望。品牌如果能够深入了解消费者的需求和期望，就能够更好地满足他们的需求，提供更优质的产品或服务。

（1）品牌可以通过深入了解消费者的需求和期望，来制定更加精准的市场策略。这包括深入了解消费者的购买习惯、偏好、价值观等，从而为消费者提供更加个性化的产品或服务。借助精准的市场策略，品牌可以更好地吸引目标消费者，提高市场份额。

（2）品牌可以通过深入了解消费者的需求和期望，来提高产品的品质和满意度。当品牌充分了解消费者的需求和期望时，就可以针对这些需求和期望来设计和改进产品，从而提高产品的品质和满意度。同时，这也能够帮助品牌更好地收集消费者的反馈和意见，以便及时调整产品或服务。

（3）品牌可以通过深入了解消费者的需求和期望，来建立更强的品牌形象和声誉。当品牌能够满足消费者的需求和期望时，消费者会更加愿意购买该品牌的产品或服务，并且更容易产生口碑传播。这不仅可以提高品牌的销售额，还可以提高品牌的知名度和美誉度。

（4）品牌可以通过深入了解消费者的需求和期望，来制定更加创新和有竞争力的市场策略。当品牌充分了解消费者的需求和期望时，就可以针对这些需求和期望来开发新的产品或服务，从而提高品牌的竞争力和市场份额。

在产品同质化营销下，只有更"懂"消费者的品牌才能脱颖而出。以精致悦己和尊享体验为代表的00后，他们不跟风、不盲从，有自己的生活态度、价值观体系和生活方式，希望成为更好的自己。品牌方拿捏住00后消费者的心，你的品牌就成功了一半。

品牌"懂"00后的营销案例有很多，以下是一些例子。

（1）星巴克猫爪杯：星巴克的猫爪杯在上市前就通过社交媒体等渠道引发了广泛的关注，上市后更是引发了抢购热潮。这是因为星巴克通过深入了解00后的生活态度和价值观，将猫爪杯设计为萌系创意产品，符合00后对于可爱、有趣产品的追求。同时，星巴克通过限量销售等方式，制造了稀缺感，进一步提高了产品的价值。

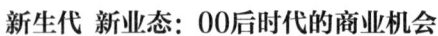

（2）JEET蓝牙耳机：JEET蓝牙耳机通过深入了解00后的消费习惯和需求，将自己定位为"非时尚、不装×"的品牌，专注于品质和体验。通过营销策略，如"吐槽大会""炫丑大赛"等，吸引了追求品质、体验的年轻人的关注。这种叛逆、注重内在的个性，与00后不轻信传统、不盲目买大牌、有自主判断的特点相吻合。

（3）《王者荣耀》与M·A·C合作：《王者荣耀》和M·A·C的合作基础在于《王者荣耀》有大量的年轻用户，而M·A·C同样面对18岁到24岁的用户。通过合作，M·A·C的口红在《王者荣耀》游戏中推出，并在游戏内和线下活动中进行推广，吸引了大量年轻用户的关注。这种合作方式不仅增加了M·A·C的销售额，也提高了品牌在年轻人中的知名度和影响力。

（4）小猪佩奇：小猪佩奇是近年来备受欢迎的卡通形象之一，特别是在00后群体中。品牌方通过制作各种有趣、富有创意的小猪佩奇周边产品，如手表、背包、文具等，以及与各大品牌的联名合作，成功地吸引了00后的关注和喜爱。

（5）B站：B站作为一家以ACG（动画、漫画、游戏）文化为主的视频网站，深受00后的喜爱。品牌方通过举办各种线上线下的活动，如BML（Bilibili Macro Link）、B斯卡等，以及与各大UP主的合作，成功地吸引了00后的关注和参与。

（6）得力：得力是一家传统的文具品牌，但通过与年轻人的互动和创意营销，成功地吸引了00后的关注和喜爱。例如，得力推出了一系列与电影、动漫、游戏等流行文化相关的文具产品，以及与各大IP的联名合作，如小黄人、哆啦A梦等。

（7）知乎：知乎作为一家知识分享平台，也吸引了大量00后的关注。品牌方通过推出有趣的知乎周边产品，以及与各大领域的专家、KOL的合作，成功地吸引了00后的关注和参与。

随着各行各业竞争越来越激烈，消费者也越来越理性务实。所以，真正能够"懂"消费者的心，才能留住他们，同时能够在消费者内心建立良好的口碑，并且愿意复购或者分享给身边的亲朋好友来买。

00后的品牌营销要泛娱乐化

前面章节我们提到过00后与生俱来的"游戏性"，内在的需求多数离不开游戏和娱乐化的成分，所以，品牌营销要想符合00后的调性，需要在营销方面做到泛娱乐化。腾讯集团总裁在FUN营销大会上说道："最早，广告为王，媒介为王；后来，内容创意日益得到重视；而在互联网时代，在泛娱乐的语境下，粉丝基于IP所产生的兴趣与情感共鸣，会成为营销策划最重要的线索。"美国商业思想家麦凯恩根据现代商业发展特征，总结出一个真理：所有的行业都是娱乐业，所以不管是什么行业，都要做娱乐营销。

泛娱乐化营销是指将品牌形象与娱乐元素相结合，通过打造生动、有趣、富有创意的品牌故事和营销活动，吸引更多用户的关注和喜爱。泛娱乐化营销可以通过各种方式实现，如跨界合作、IP联名、明星代言、社交媒体营销等。

在泛娱乐化营销中，品牌需要找到与自身形象相符合的娱乐元素，并将其融入产品、广告、活动等营销环节中。同时，品牌还需要关注目标用户的需求和喜好，根据不同的用户群体和营销目标，选择合适的娱乐元素和营销策略。

泛娱乐化营销的优势在于，它可以将品牌形象与娱乐元素相结合，打造出更加生动、有趣、富有创意的品牌故事和营销活动，从而吸引更多用户的关注和喜爱。同时，泛娱乐化营销还可以提高品牌的知名度和美誉度，提高用户对品牌的认知度和信任度。

然而，泛娱乐化营销也面临一定的挑战。首先，品牌需要找到与自身形象相符合的娱乐元素，并确保其与品牌形象相符合。其次，泛娱乐化营销需要不断创新和变化，以保持与用户的互动和吸引力。最后，泛娱乐化营销需要合理控制成本和风险，避免出现不必要的损失。

泛娱乐化的品牌营销案例有很多，以下是一些案例参考。

（1）腾讯《王者荣耀》与IP"凯叔讲历史"联合营销：腾讯旗下的《王者荣耀》与IP"凯叔讲历史"联合，通过将游戏角色与历史人物相结合，打造出全新的故事情节和游戏体验，吸引了大量用户的关注和喜爱。

（2）百事可乐与电影《流浪地球》的联合营销：百事可乐与电影《流浪地球》的联合营销，是通过将品牌形象与电影情节相结合，打造出全新的视觉效果和品牌故事，吸引了大量观众的关注和喜爱。

（3）麦当劳与热门IP"小黄人"的合作：麦当劳通过推出热门IP"小黄人"主题餐品、玩具等周边产品，以及在广告中运用小黄人形象，吸引了大量儿童和年轻人的关注和喜爱。

（4）《阴阳师》与肯德基的跨界合作：网易旗下手游《阴阳师》与肯德基的跨界合作，通过将游戏角色与肯德基食品相结合，打造出全新的游戏体验和品牌形象，吸引了大量用户的关注和喜爱。

（5）喜茶与《亲爱的，热爱的》联名营销：喜茶与电视剧《亲爱的，热爱的》联名营销，通过在电视剧中植入喜茶产品，并在社交媒体上推出联名款饮品和周边产品，吸引了大量观众的关注和喜爱。

（6）海飞丝与电影《后来的我们》联合营销：海飞丝与电影《后来的我们》联合营销，通过在电影中植入海飞丝产品，并在社交媒体上推出联名款洗护用品和周边产品，吸引了大量观众的关注和喜爱。

（7）京东与电视剧《都挺好》联名营销：京东与电视剧《都挺好》联名营销，通过在电视剧中植入京东产品，并在社交媒体上推出联名款电子产品和周边产品，吸引了大量观众的关注和喜爱。

（8）伊利与腾讯游戏《王者荣耀》联合营销：伊利与腾讯游戏《王者荣耀》联合营销，通过在游戏中植入伊利产品，并在线下推出联名款酸奶和周边产品，吸引了大量游戏爱好者和消费者的关注和喜爱。

这些案例都证明了泛娱乐化营销对于品牌的重要性和有效性。通过将品牌形象与娱乐元素相结合，可以打造出更加生动、有趣、富有创意的品牌故事和营销活动，吸引更多00后用户的关注和喜爱。

娱乐无罪，泛娱乐化营销更是迎合00后消费者的营销手段，品牌和企业比以往任何时候更需要娱乐，娱乐既是一个切入口，又是一种出口，无论是一个人的自嘲还是集体的狂欢，只要娱乐能够解决商业中的冲突，怎么都好。

创造激发互动的内容，打造高渗透的品牌共创

营销要有内容互动和品牌共创。内容互动是指通过创造有趣、有价值、与品牌相关的内容，与目标受众进行互动和交流，提高品牌的认知度和关注度。品牌共创是指品牌与消费者共同创造价值，让消费者成为品牌的一部分，增强用户的品牌忠诚度和用户黏性。

与用户共创品牌内容能够持续打开想象力边界，输出与时俱进的创意，为品牌沉淀更多内容资产，同时也让用户成为品牌传播的媒介，主动为品牌发声，为品牌后续营销持续创造价值，从而构建品牌与用户深度连接的"引力场"。

00后是一个乐于参与的消费群体，他们希望与品牌互动。

话梅是一家知名的化妆品店，以其高品质的产品和独特的购物体验而受到消费者的喜爱。近年来，话梅不断探索与用户共创的模式，通过与用户的紧密合作，共同打造更符合消费者需求的产品和服务。

话梅化妆品门店的每一个角落都是特别好的取景点，专门设计用来给姑娘们拍照和自拍的，每个人走进话梅门店的那一刻，其实就相当于进入了一场沉浸式的网红展览。

它的展柜像一个巨大的回转寿司台，衔接一楼和二楼的是一个很漂亮的螺旋楼梯，二楼有5个不同风格的主题小房间。有的房间是专门摆旅行

装护肤品的,有的房间是专门摆香水香氛的,有的房间是专门摆放小众品牌的,有的房间是化妆间,还有的房间是艺术展示区。

要是不买也没问题,完全可以在这里泡一个下午或者一整天,到处自拍,也可以随便地试用产品,甚至还可以亲身体验产品的分拣和发货,感受一下新零售的物流链条。

这个就很特别了,因为能让姑娘们试妆的化妆品柜台和化妆品店很多,但是能让姑娘们一边试妆一边逛艺术展,一边还忍不住拍照发朋友圈的美妆店,那就太少了。

如果一个人真在这里待了一个下午,享受到的是一场沉浸式的自拍体验,获得的情绪价值是"美和美好"。要是放在以前你想享受这一套体验,得先去买好化妆品,回家化好妆,再专门搜一个网红打卡点前去拍照。在话梅,这些东西一站式都给你了。

体验完这样一个美美的展览,临走的时候,难道你能忍住不买几个小口红、小粉底当纪念品吗?话梅的产品是化妆品吗?其实是和用户一起创造了美好的体验,以及可以发到朋友圈的美美的照片。

这个模式事实上可以和用户"共创"出来非常多的"作品"。

很多品牌知道了与用户"共创"的重要性,所以在营销的时候,会有意识地创造激发互动内容,打造高渗透的品牌共创。除了比较知名的话梅化妆品店之外,还有其他品牌营销值得我们参考,以下是六个营销内容互动与品牌共创的案例。

(1)麦当劳与用户的互动营销:麦当劳通过社交媒体等渠道,与用户进行互动和交流,了解他们的需求和反馈,以及提供更加个性化和优质的产品和服务。例如,麦当劳曾经推出过一款"金拱门"手表,用户可以在社交媒体上晒出自己的手表照片，并添加标签 #GoldFingerLove#，即可获得一份免费套餐。这个活动通过社交媒体实现了品牌与用户的互动和共创。

（2）小米与用户的共创营销：小米通过邀请用户参与产品的研发、设计、推广等过程，实现了品牌共创。例如，小米曾经推出过一个"MIUI自定义ROM大赛"活动，邀请用户参与到MIUI系统的研发中来，提供了丰厚的奖励和荣誉。这个活动通过鼓励用户参与，实现了品牌共创，提高了用户的忠诚度和参与度。

（3）耐克与用户的互动营销：耐克通过与用户进行互动和交流，以及提供个性化的产品和服务，实现了品牌共创。例如，耐克曾经推出过一个"Just Do It"活动，邀请用户上传自己的运动照片和视频，并在社交媒体上分享自己的故事。这个活动通过社交媒体实现了品牌与用户的互动和共创，同时也提供了个性化的产品和服务，提高了用户的满意度和忠诚度。

（4）可口可乐与用户的互动营销：可口可乐通过与用户进行互动和交流，以及提供个性化的产品和服务，实现了品牌共创。例如，可口可乐曾经推出过一个"分享一瓶可乐"的活动，用户可以扫描二维码，将自己的照片和留言印在可口可乐的瓶子上，并分享给朋友。这个活动通过鼓励用户参与，实现了品牌共创，提高了用户的忠诚度和参与度。

（5）星巴克与用户的互动营销：星巴克通过与用户进行互动和交流，以及提供个性化的产品和服务，实现了品牌共创。例如，星巴克曾经推出过一个"早起鸟计划"的活动，用户可以在早上7点钟以前到店内消费，并获得一定的优惠。这个活动通过鼓励用户参与，实现了品牌共创，提高了用户的忠诚度和参与度。

（6）宝马与用户的共创营销：宝马通过邀请用户参与产品的研发、设计、推广等过程，实现了品牌共创。例如，宝马曾经推出过一个"宝马定制化"的活动，用户可以在宝马官网上选择自己喜欢的设计风格和配置，定制自己的专属车型。这个活动通过鼓励用户参与，实现了品牌共创，提高了用户的忠诚度和参与度。

通过以上这些知名案例，我们发现，在营销中，内容互动和品牌共创可以通过以下方式实现。

1. 创造有趣、有价值的内容

品牌方可以创造有趣、有价值、与品牌相关的内容，如视频、图片、文章等，吸引目标受众的关注和分享。这些内容可以包括品牌故事、产品介绍、用户案例等，以展示品牌的价值观和特点。

2. 与用户互动和交流

品牌方可以通过社交媒体、在线论坛、博客等渠道，与目标受众进行互动和交流，了解他们的需求和反馈，以及提供更加个性化和优质的产品和服务。同时，品牌还可以通过举办线上活动、抽奖等方式，提高用户的参与度和忠诚度。

3. 邀请用户参与品牌共创

品牌方可以邀请用户参与到品牌的研发、设计、推广等过程中来，让他们感受到自己的创造力和价值，同时也能够更好地了解他们的需求和喜好，提供更加个性化和优质的产品和服务。例如，可以通过开展用户调研、邀请用户参与产品测试等方式，实现品牌共创。

4. 个性化定制产品和服务

品牌方可以根据消费者的需求和喜好，提供个性化定制的产品和服务，如定制化产品、个性化定制服务等，提高产品的附加值和满意度。同时，

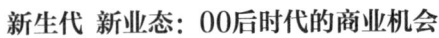

也可以通过这种方式实现品牌共创，让消费者成为品牌的一部分。

5.建立品牌社群

建立品牌社群可以让品牌方与消费者进行更加深入的互动和交流，了解他们的需求和反馈，以及提供更加个性化和情感化的产品和服务。同时，也可以通过这种方式实现品牌共创，让消费者成为品牌的一部分。

品牌产品颜值化打动年轻人的心

这是一个"看脸"的时代，不仅仅人的颜值是资本，产品同样需要高颜值来打动用户的心，尤其作为年青一代的00后，他们的审美由于接触太多的信息而变得格外刁钻，如果第一眼没有看上产品的颜值，他们往往不会有深入了解产品的兴趣。

在当今市场竞争激烈的环境下，产品的外观设计对于吸引消费者注意力至关重要。高颜值的产品更能引起消费者的兴趣，提高购买率。

前面提到的话梅化妆品店，不但在营销上与用户"共创"，同时也特别注重产品的颜值。话梅的化妆品包装设计通常都非常精美，独特的造型和精美的图案能够吸引消费者的眼球。一些产品还采用了限量版的设计，增加了产品的收藏价值和独特性。话梅的许多产品都注重形态的美观程度，如一些口红、眼影等产品，其颜色、质地和形状都能够给消费者带来愉悦的感受。除了产品的外观设计，话梅还注重用户体验。例如，一些产品采用了便捷的包装设计，让消费者更容易携带和使用。此外，话梅还会根据消费者的反馈不断改进产品设计，提高用户的使用体验。通过高颜值的产品设计和优秀的用户体验，话梅成功地吸引了大量消费者的关注和购买欲望。这种策略不仅有助于提高产品的销售量，也提升了品牌形象和市场竞争力。

通过颜值取胜的案例很多，例如：

（1）MAC口红：MAC口红是时尚界的常青之物，其丰富的色彩和不同的质地让消费者可以根据不同的场合自由选择。MAC口红不仅具有高品质，其独特的包装设计和品牌形象也吸引了众多消费者。

（2）无印良品：无印良品的产品线广泛，从生活用品到食品应有尽有。其简洁、自然的设计风格和环保理念深入人心，让消费者对其产品产生了强烈的认同感和忠诚度。

（3）喜茶：喜茶的店面设计和产品包装都充满了清新、时尚的气息，其高颜值的产品图片和独特的口感让消费者难以忘怀。喜茶的品牌形象也与年轻、时尚的元素紧密相连，吸引了大量年轻消费者的关注。

随着消费者的比重越来越向年轻化发展，爱美、注重颜值成为他们的日常需要。年轻的消费者不但重视自我颜值的提升，对于各类产品的"颜值"也有了更高的要求，品牌的视觉传达越符合年轻人的审美，越容易被看见、被接受。在产品的其他要素相差不大的情况下，外在的美观程度对消费者选择产品起到了决定性作用。

认知心理学家唐纳德·诺曼（Donald A. Norman）曾经做过解释，好看的产品往往更好用，为什么会有这样的逻辑呢？早在20世纪90年代初，两位日本研究者黑须正明（Masaaki Kurosu）和鹿志村香（Kaori Kashimura）就提出过这个问题。他们研究了形形色色的自动提款机控制面板的外观布

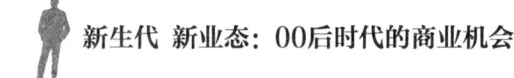

局设计，所有的自动提款机都有类似的功能、相同数量的按键，以及同样的操作程序，但是其中有一些键盘和屏幕设计得很吸引人、很时尚新颖，另外一些则不然。让人惊奇的是，这两位日本研究者发现那些拥有迷人外表的自动提款机使用起来更加顺手。

在《流行文化社会学》一书中，作者高宣扬教授曾解释，法国哲学家梅洛-庞蒂以人的眼睛的视觉为例，说明身体感受对于美的鉴赏的重要意义。"人们在消费活动中，往往首先靠眼睛视觉提供的信息选择自己的消费对象，并在购买、使用和交流消费品的过程中，靠眼睛视觉的对比和鉴赏来决定对于消费品的判断。"

所以，追求产品颜值和注重人的颜值一样重要，好看才好卖。过去我们在介绍产品的时候，总是强调耐用、质量好，但现在的年轻消费者并不为这个买单，在年轻消费者的心中，颜值变得越来越重要，这不光是选男女朋友的角度，在产品的选择上更是这样，消费者希望买到既好用，又看着赏心悦目的东西。

在同质化的时代，就产品来说，仅仅产品功能上的满足已远远不够。人们更追求一种符合时代特征的产品体验，而产品的"颜值"往往是吸引消费者的第一步，显得更加坦率直接，个性分明，购买产品多会先看"颜值"，产品越中看，格调越高，越容易让人们获得更多优越感，往往越容易吸引住人。

从哪些方面打造消费者喜欢的"高颜值"产品呢？

1. 特别的包装

消费者对品牌的要求越来越高，从第一眼看到包装开始就决定了是否喜欢，从自身需求产品到科技数码产品，再到日常用品，无论男女都更为注重美观，产品的包装一定要凸显性格、时尚和潮流元素。在注重产品颜值方面，产品包装是最直接的广告，直接影响顾客是否会购买。产品未来的成功关键是卖情感、卖趣味、卖个性。因此，产品包装要有颜值。要想扩大市场，必须加强包装的差异化和与众不同。再通过不同类型的包装，加大市场份额，给消费者建立现代时尚的产品感觉。

2. 文化为颜值加分

高颜值的产品虽然能够让消费者欲罢不能，但这并不代表消费者会盲目追求华而不实的东西，他们不但注重外在的颜值，更注重产品的内在文化和价值。所以，要让产品有内涵、有趣、有料。

3. 个性和便携

消费者在追求颜值的同时，还追求轻便易携，所以，个性化包装设计通过自身的特点吸引消费者，通过体积小巧、方便储存、便于携带，打造小众性、独特性、艺术性、环保性等。

高颜值产品本身属于一种社交货币，人类天生就喜欢被喜欢和被认同，当一个人通过晒单分享好看的产品，就会收到源源不断的反馈，有对其品位的肯定，有对其善于挖掘美丽事物的眼光的赞许，由此对于产品衍生出来的各种话题，就会带动更多的人认同产品，拉近人与人之间的距离，同时为营销裂变打下基础。从营销的角度进一步来说，消费者的感知价值是影响其购买的最主要驱动因素。这种感知价值，不一定是理性的，更多是感性的。谁先建立高颜值产品，谁就能抓住新兴的消费者，开辟更大的市场。

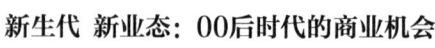

国外光环减弱后要紧贴本土需求

品牌营销紧贴本土需求是非常重要的，因为不同地区和文化背景的消费者有不同的需求和偏好。只有深入了解目标市场的本土需求，企业才能更好地满足消费者的需求，提高品牌知名度和竞争力。

随着国内制造业和科技水平的不断提高，国内产品质量和创新能力得到了大幅提升。国内品牌在产品设计和功能方面不断创新和改进，使得国内产品在性价比和实用性方面更具优势，从而降低了00后对国外光环产品的依赖。另外，随着中国经济的发展和文化自信的增强，00后对于本土文化的认同感和自豪感也相应提升。他们更加欣赏和接受具有中国特色的品牌产品，更加注重产品的实用性和性价比，尤其是产品质量可靠且在设计上能够体现中国文化的元素。

00后作为新一代的消费者，他们的消费观念和价值观与前几代人有所不同。他们更加注重个性化、时尚化和品质化的消费体验，而本土品牌在创新和个性化方面往往能够更好地满足他们的需求。互联网和社交媒体的普及使得00后能够更加方便地获取信息和进行交流。通过网络，他们可以了解更多的本土品牌和产品，也可以通过社交媒体平台与品牌进行互动和反馈。这种互动性和参与感也使得他们对本土品牌更加关注和喜爱。

近年来，一些本土品牌在产品质量和创新方面取得了很大的进步，这些品牌在00后中也获得了高度的认可。例如，一些老字号或老品牌通过推出创新产品，以及一些新锐、新兴的国产品牌在设计和功能上不断创新和改进，这些品牌在00后消费群体中均备受青睐。例如，安踏作为一家本土运动品牌，近年来在产品设计和品质上不断升级，同时积极与国际品牌竞争。其推出的"汤普森"系列篮球鞋在00后中备受追捧，成为他们追求时尚和个性化的选择之一。完美日记是一家新兴的本土美妆品牌，以其高品质、创意性和亲民价格在00后中拥有广泛的市场。完美日记的彩妆产品不仅在外观设计上独具匠心，而且与国际大牌相比毫不逊色，成为许多00后的日常化妆选择。手机品牌华为作为一家本土通信和电子产品制造商，在00后中也有着很高的知名度。华为手机以其高品质、创新设计和强大的拍照功能受到许多00后的喜爱。此外，华为在5G技术方面的领先地位也为它赢得了许多00后的认可和支持。李宁作为一家老字号运动品牌，近年来在设计和品质上也不断进行升级和创新。李宁的"悟道"系列运动鞋在00后中备受追捧，成为他们追求时尚和个性化的选择之一。此外，李宁还在产品中融入了中国传统文化元素，更加符合00后对于本土文化的认同感。旺旺作为一家本土食品品牌，以其经典的广告语和可爱的卡通形象深入人心。旺旺的各类产品在00后中有着广泛的市场，成为他们从小到大一直喜爱的品牌之一。

即使是国外餐饮品牌，也开始结合当地城市的饮食习惯，推出老北京鸡肉卷、生滚牛肉粥、老坛酸菜鸡块饭等，深耕中国不同城市的消费市场。

"在地"已成为当下的热词，当疫情为跨国和跨城流动蒙上了很多不确定性，发掘本地生活的乐趣就成了一种现实选择；即便是同样的品牌，在不同地域口碑也不尽相同。一些品牌围绕不同元素开启"定制"的一系列的营销，又或者"因地制宜"地研发城市限定。如此，类似的"本土化"营销越来越多。而且这种本土化恰恰能够贴近00后消费者的需求，而使品牌产生更多的亲民价值和本土国货效应。

借助科技手段（如AR/VR）提升00后消费体验

体验经济盛行，品牌如何借科技去戳消费者的爽点已经成为不少品牌开始关注和践行的营销手段。

在时代的红利下，科技以前所未有的高度服务于大众，带来更多新的消费体验。如带上VR便能上天入地、降魔打怪；置身于某科技主题门店，便能看见酷炫的机械手为消费者抓取商品；一杯由自动奶茶机制作的茶饮被快速送到消费者手中，成为人们生活中习以为常的小确幸……这些由科技带来的消费体验，正不断冲击着人们的心理。由90后、00后组成的新生代，他们对新鲜事物更是乐此不疲，品牌必须适应时代发展，花力气在科技上，创造新的消费场景来提升00后的消费体验。

常见的利用AR/VR的方法，比如：

（1）虚拟试穿：利用AR/VR技术，消费者可以在购物前虚拟试穿服装、鞋子等商品，以更好地了解产品的尺寸、样式和舒适度。这可以帮助消费者在购买前做出更明智的决策，并减少退换货的风险。

（2）增强现实产品展示：通过AR技术，品牌可以将产品展示在现实世界中，为消费者提供更直观的互动体验。例如，消费者可以通过手机或平板电脑扫描产品图像，然后在屏幕上看到产品的 3D 模型，以及相关的信息和说明。

（3）虚拟现实购物体验：利用 VR 技术，品牌可以创建虚拟的购物环境，让消费者沉浸在虚拟世界中，并自由探索和体验产品。这种体验可以增强消费者的参与感和互动性，增加购物的乐趣，提高其满意度。

（4）个性化推荐：通过 AR/VR 技术，品牌可以收集和分析消费者的购物行为和偏好，然后为其提供个性化的产品推荐和优惠。这可以增加消费者的购买欲望和忠诚度。

（5）社交互动：AR/VR 技术可以促进消费者之间的社交互动。例如，通过 VR 技术，消费者可以在虚拟环境中与其他消费者互动，分享产品信息和购物体验。这可以增强消费者的社交体验和品牌认同感。

（6）虚拟营销活动：利用 AR/VR 技术，品牌可以举办虚拟的营销活动，如虚拟发布会、新品发布会等，吸引消费者的关注和参与。这可以提高品牌的知名度和曝光率。

不少品牌已经意识到科技带来的力量，纷纷利用科技手段进行品牌营销活动。例如：

（1）宝洁＆阿里：我的 VR 男友／女友。

宝洁和阿里联合推出了一项活动，邀请杨洋和迪丽热巴担任消费者的 VR 男友／女友。消费者可以在 VR 全景视频中与他们进行沉浸式交互，活动开始仅一周，飘柔的销量便猛增至去年同期整月销量的 3 倍。

（2）麦当劳 VR 眼镜盒子——HappyGoggles。

麦当劳为消费者提供了一款有趣的 VR 眼镜盒子，消费者在吃完饭后可以将套餐包装盒折叠成一款 VR 眼镜盒子，然后插入手机，下载一款 VR 滑雪应用,就能在 VR 中体验滑雪带来的快感。这种将现实和虚拟结合的方式深受消费者喜爱。

(3)好丽友零食好多鱼 VR 游戏。

好丽友利用 VR 游戏"好多鱼"赚足了一波眼球。通过线上商超 VR 游戏一体机,顾客参与 VR 游戏可以获得购买好多鱼产品的优惠,一经推出,现场的销售场景十分火爆,排队来体验的儿童络绎不绝,销售量也很高。

(4)欧莱雅高空 VR 体验——*Only The Brave*。

欧莱雅的 Diesel 香水曾以"勇气"为主题发布过 VR 宣传短片,视频中脚下是几百米的高空,只有拿出勇气克服各种阻碍才能获得自己所求。VR 短片以第一视角让消费者身临其境地感受虚拟世界的刺激与风险。

00 后对于消费的升级,也意味着品牌门店无论是从经营理念,还是消费场景,都迎来大变革。其中,科技也能成为新消费场景发展的重要引擎。近年来,VR、AR、大数据和云计算等技术的普及,越来越多的技术走向成熟,其增加了线下体验消费的功能和内涵,让体验业态前景更加广阔。

一些时尚品牌产品也开始利用科技手段进行空间互动体验,单一功能的销售空间已无法满足新一代的消费群体。商家们期望能在线下与消费者建立更深的联结,传递品牌价值,从而建立更高的客户黏性。例如,家居品牌会通过投影机进行场景化的模拟,变换沙发样式并置入场景中,供消费者选择。这种直观、高效的方式,可以更好、更快地让消费者做出采购决策。

利用 VR 技术,品牌可以创造让消费者身临其境的体验。例如,通过虚拟试衣镜,消费者可以在家中试穿各种衣服,感受不同风格和材质的服装。这种体验可以增强消费者对品牌的信任感。VR 技术为品牌与消费者之间的互动提供了更多可能性。例如，通过虚拟现实游戏，品牌可以邀请消费者参与有趣的活动，同时收集有关消费者偏好和行为的宝贵信息。根据消费者的个人喜好和需求，品牌可以利用VR技术提供定制化的产品和服务。例如，消费者可以选择定制虚拟现实旅游体验，按照自己的兴趣和预算定制旅程。

虚拟现实体验可以与现实世界相结合，为消费者创造无缝的购物和娱乐体验。例如，消费者可以在实体店中使用虚拟现实设备查看产品的360度视图，并在购买前试用产品。

总之，未来品牌营销已经很难靠单一的方式和手段进行，而是要依赖多方面的发力，才能真正打动00后消费者的心。

第五章
00后喜欢什么样的品牌调性

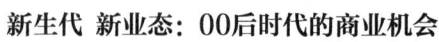

个性化，不趋同

任何品牌都有其受众，不同年龄段的人对于品牌的调性表现出不同程度的喜欢。如果说70后、80后的消费者喜欢产品的实用性，那么到了00后这一代，他们喜欢的品牌往往是"个性化，不趋同"。

具有个性化、不趋同的产品是指在产品设计、功能、外观等方面都具有一定的独特性和个性化，区别于其他同类的产品。这种产品通常会根据消费者的需求和偏好进行定制化生产，以满足消费者的个性化需求。

例如，一些高端定制服务品牌，如DIOR、GUCCI、BOTTEGA VENETA等，都会提供定制化的服务，消费者可以根据自己的需求和偏好选择材料、颜色、设计等元素，打造个性化的时装和配饰。另外，一些智能科技公司也提供个性化产品，如智能家居设备、智能手表等，消费者可以根据自己的需求和偏好进行定制化配置，以满足其个性化需求。

00后消费群体推动了许多品牌的发展，也让品牌不断改变自己的调性去适应他们的需求。

品牌的调性是由品牌所发布的广告、视觉设计、产品造型、包装等各种元素综合起来的，在用户的认知中所构成的固有的印象。比如，红色、活力、畅爽、热情就是可口可乐的品牌调性；表现出城市与上班族的干练与实效是优衣库的调性；表达回归自然、素净的环保理念是无印良品的调性。总之，个性化、不趋同的品牌往往与众不同，在宣传上也会独树一帜。除了这些品牌之外，还有一些定制类的品牌也以个性化为立足点。许多品牌都在追求个性化，以满足消费者的定制化需求。以下是一些在个性化方面做得比较好的品牌。

（1）DIOR 是全球知名的奢侈品牌，提供定制化服务，根据消费者的需求和偏好，为其打造个性化的时装和配饰。

（2）GUCCI 也提供定制化服务，消费者可以根据自己的喜好，选择材料、颜色和设计等元素，打造个性化的包包、鞋履和配饰。

（3）BOTTEGA VENETA 以手工制作著称，提供定制化的服务，消费者可以根据自己的需求和偏好，选择颜色、材料和尺寸等元素，打造个性化的手袋和其他配饰。

（4）FENDI 也提供定制化的服务，消费者可以根据自己的需求和偏好，选择颜色、材料和设计等元素，打造个性化的时装和配饰。

（5）THE NORTH FACE 是一家知名的户外品牌，提供定制化的服务，消费者可以根据自己的需求和偏好，选择材料、颜色和设计等元素，打造个性化的户外装备。

（6）FARFETCH 是一家全球领先的奢侈品电商，提供定制化的服务，消费者可以根据自己的需求和偏好，选择品牌、款式和材料等元素，购买个性化的服装和配饰。

（7）NET-A-PORTER 是一家全球知名的时尚电商，提供定制化的服务，消费者可以根据自己的需求和偏好，选择品牌、款式和材料等元素，购买个性化的服装和配饰。

（8）SKINSEI 是联合利华集团孵化的首个定制品牌，根据不同消费者的肤质、生活习惯为其定制个性化的护肤方案和产品。

00后消费者是数字化时代的"原住民",他们对于新技术、新事物有着极高的敏感度和接受度。因此,品牌需要不断创新,持续推出具有创新性的产品和服务,以满足他们的需求和期望。00后消费者追求个性化、与众不同,他们希望通过选择品牌来表达自己的个性和态度。因此,品牌需要具备个性化特点,能够与他们产生共鸣和情感联系。00后消费者是社交媒体的一代,他们习惯于在社交平台上分享自己的生活和消费体验。品牌需要关注社交媒体平台,与消费者建立联系,并通过社交互动来提升品牌的影响力和认可度。

创造兴趣社区

品牌创造"兴趣社区"是指通过聚集一群有着共同兴趣和爱好的人,建立一个在线社区或平台,为这些消费者提供与品牌相关的内容和体验,以增强品牌与消费者之间的互动和归属感。

现在游戏、综艺、追剧、动漫、露营……年轻人的"花式"爱好千奇百怪,在翻涌的兴趣浪潮中精准定位与自己兴趣的同好可太流行了。如今,兴趣正在成为00后社交的核心连接,也成为品牌打动年轻人的关键因素。许多年轻人因兴趣聚集,因爱好交友。同时,他们的消费行为正在受情绪与兴趣的影响和驱动,对于想要抓住年轻消费者的品牌而言,如何走进年轻人的兴趣世界格外重要。

例如，豆瓣上有个"丑东西保护协会"小组，成员已经有23万人，在这个小组中，年轻人纷纷分享生活中见识到的丑萌物件，很多人跟帖表示"好可爱""越看越萌"。当代年轻人，一边追求着"精致美"，一边也在接纳"丑，但特别"的风潮，同时把自己的喜好和兴趣组成一个社区，这样他们不但能结交志同道合的朋友，还能打造一系列新鲜有趣的超话活动。尤其在一些潮流社区，聚集着很多兴趣相同的年轻人，他们不仅有强烈的民族自豪感，还有年轻人特有的创意巧思。

纵观国内围绕年轻人的消费特点，近年来，诸多潮流社区涌现，成为广大年轻人的线上"精神乐园"。

例如，阿里推出了主打年轻人潮流文化的电商平台"态棒"；新浪上线一款名为"Hobby"的社区产品，定位是年轻人的潮流探店共创社区等。

通过兴趣社区能够收集用户的消费数据以及与他们进行互动，促进营销内容的更进一步完善。创造兴趣社区对于品牌来说有很多好处：通过为消费者提供一个聚集地，品牌可以成为这个兴趣领域的权威和领导者，进而提升品牌形象和认知度。当消费者在品牌社区中找到归属感和互动性时，他们会对品牌更加忠诚，并持续地使用品牌的产品或服务。通过观察消费者在社区中的互动和讨论，品牌可以获取消费者对产品的真实反馈和需求，以便不断优化产品和服务。品牌可以在社区中推广新产品或服务，利用消费者的热情和口碑进行传播，提高市场占有率。

例如，知味葡萄酒，通过用户数据采集功能内容标签的方式收集所有社群用户与知味的交互行为和内容偏好。用户不管是看了一篇特定内容的微信图文、参加了一场特定主题的品酒活动，还是购买了知味所推荐的葡萄酒或周边产品，知味都能记录下来。通过长时间的数据搜集，知味可以通过结构化获取的用户信息对他们进行分类，并通过不同主题的话题社群将用户组织到一起。比如，阅读过较多次数关于意大利葡萄酒文章的用户，或者参加过知味组织的意大利葡萄酒品鉴会的用户，都会被邀请加入"知味意粉"小组。这样的情况下，葡萄酒爱好者用户会陆续被不同主题的社群以网状的形式归集到至少一个社群小组中。这样一来，精准的分组使得社群活跃度非常高，而且为精准定向地向用户发送他们感兴趣的内容信息和产品营销内容提供了有效通路。

又如，星巴克在社交媒体平台上积极与消费者进行互动，借助Facebook和Twitter等渠道推广新产品，使用贴合热点的广告和主题标签吸引顾客，如在美国遭遇Nemo大风雪时推出抗寒主题的广告。星巴克还与Foursquare合作进行慈善活动，顾客到星巴克消费，并在Foursquare上打卡，星巴克就会捐出1美元。这些举措都为星巴克打造了积极的社交媒体形象，并吸引了一大批忠实的顾客。

将00后热衷的社交融入营销中，在彰显自身营销内容的别致之余，营造用户的参与感和沉浸式体验。让用户在探寻中找到乐趣，将品牌符号强势植入年轻人的心中，才能让他们感知到品牌的美好，也才能吸引他们持续的关注。

颜值、品质缺一不可

在产品设计和营销中，颜值和品质都是非常重要的因素。一个好的产品应该同时具备高颜值和优秀品质,这样才能吸引和留住00后消费者。

高颜值的产品可以吸引消费者的眼球,提高产品的吸引力和竞争力。在当今市场竞争激烈的时代,产品的外观设计已经成为品牌形象和产品价值的重要组成部分。消费者往往会更倾向于选择那些外观精美、设计独特的产品,因为它们可以带来更好的使用体验和情感满足。因此,品牌需要在产品设计中注重颜值,通过精美的外观和独特的设计来吸引消费者的注意力。

例如,为了实现营销效果的最大化,瑞幸咖啡推出高人气产品"鹿角随行吸管杯",在用户购买时,有机会获得"遇见昊然"盲盒一个,盲盒采用的是只赠送不售卖的方式。而萌趣的形象,勾起了不少用户的少女心,为快速实现动销为品牌谋求利润提供了更多的可能。

例如,韩束红胶囊水不仅有着硬核的实力,还有着超高的颜值。在视觉传达方面,小巧可爱的"胶囊"外形设计,搭配醒目亮眼的"中国红",凸显着产品的"安全性"和"功效性",也传递出韩束科学护肤的品牌理念;在用户体验方面,瓶身抓握符合人体工学设计,为用户带来美好的使用感受。此外,韩束红胶囊水还从全球6500多件作品中脱颖而出,一举斩获2021年德国红点产品设计大奖。

然而,仅仅依靠颜值是不足以赢得消费者的心的。一个好的产品还需要具备优秀的品质。品质是产品的核心和基础,是消费者对产品信任和认可的关键因素。在产品营销中,品牌需要向消费者传达产品的品质和可靠性,让消费者对产品产生信任感和认可度。这可以通过多种方式实现,例如,提供详细的产品信息、展示产品的材料和工艺、介绍产品的功能和特点等。同时,品牌还需要注重产品的用户体验和售后服务,让消费者在使用过程中感受到产品的品质和价值。如果产品出现问题或缺陷，品牌需要及时提供解决方案和处理态度，以避免消费者对产品产生不良印象和负面口碑。

例如，NEOREST®LS 智能一体化坐便器采用了优雅的流线型设计，简约大气，线条流畅，能与各种不同的家装风格很好地融合搭配，提升空间质感，又不显突兀。其陶瓷体部分采用了全包式设计，在带来简洁美感的同时，避免了清洁死角，让日常清洁更加轻松，十分人性化。此外，NEOREST®LS 在便盖和内壁之间增加了金属色装饰，让产品的外观造型极具辨识度，不同颜色的装饰条还能更好地与卫浴空间的色彩相呼应。这一特别的设计也让 NEOREST®LS 斩获 2022 年度设计奖以及红点设计奖。

如今，90 后、00 后已经成为主流的消费群体，其购买力不断增强，他们更喜欢具有个性化、高颜值、能提供生活便捷和幸福感的产品。比如，他们会购买早餐机为自己制作一份丰盛的早餐；利用小型电火锅在下班之余吃一顿火锅；利用迷你榨汁机为自己制作一份水果汁……他们多数选择暖色调、软萌可爱的颜值产品。

细数 00 后的种种特征，排在首位的几个关键词里一定离不开"颜值主义"。对于颜值的追求，更埋在了年轻人生活的各种细节里。小到一个盲盒潮玩、一杯奶茶，大到家中使用的家居用品与电器，这届年轻人既要"好看能打卡"，又要品质实用有保障。在年轻的人眼里，颜值的背后实际上有着很多层的含义，比如，产品代表着更高水平的生活或者精致的用心。产品除满足享用之外，还要用于"传播"。对于有些人来说，拍摄美食发朋友圈点赞，会比食物品味带来的快乐更多。目前，微博、朋友圈、抖音等社交平台已经成为新品推广的重要阵地。一款产品适不适合拍照分享到社交网络，成为新品研发的重要考量因素。例如，美图秀秀之所以能迅速成长并上市，主要是因为其"美颜功能"戳中了年轻人的爱美之心，包括网上各式各类的时尚潮流穿搭，也是年轻人关注的重点。年轻人喜欢高颜值、高品质，能够促使品牌重视产品颜值，这又反过来提升了年轻人的审美观，由此持续驱动着颜值经济。

要做好产品的颜值，可以从以下五个方面入手。

1. 关注设计美学

将产品的外观设计和美学元素相结合，可以提升产品的吸引力和美感。在产品设计中，注重色彩搭配、形状、线条等方面的协调和平衡，以及产品的整体风格和个性化特点，可以创造出更加具有独特性和吸引力的产品。

2. 选用高品质材料

选用高品质的材料可以提升产品的品质和质感。不同的材料具有不同的特点和质感，品牌需要根据产品的特点和设计要求选择适合的材料，如金属、玻璃、陶瓷、塑料等。同时，需要注意材料的加工和制造工艺，以确保产品的质量和外观效果。

3. 注重细节设计

细节设计是产品颜值的重要组成部分。注重细节设计可以让产品更加精致、细腻、有品质。在产品设计中，需要注意每一个细节的处理，如按键、接口、缝隙、标志，以及产品的包装和配件等，这些都可以提升产品的整体质感和品质。

4. 创新设计元素

创新设计元素可以增加产品的独特性和个性化特点，从而吸引消费者的关注和喜爱。在产品设计中，可以尝试引入新的设计元素和创意，如独特的形状、新颖的材质组合、有趣的交互方式等,这些都可以为产品带来新的视觉效果和用户体验。

5. 色彩搭配

色彩搭配是产品颜值的关键因素之一。不同的色彩搭配可以带来不同的情感效果和风格特点,从而影响消费者的购买决策。在产品设计中,需要注意色彩的搭配和平衡,以及与整体风格和设计元素的协调和统一。

设计感,融入经典元素的消费品

产品的"设计感"是指从产品设计的角度,将艺术与科技相结合,以创造具有高度审美价值和实用性的产品或作品。它是一种文化现象,通过巧妙的色彩搭配、形状、材质等元素,以及对产品功能、用户体验等方面的深入思考,来实现产品的视觉美感和人机交互的优化。

好的设计感表现为对比和统一的融合之美,即既能制造对比,又能将各种对比融合统一。这反映在产品的外观上,使得设计者对矛盾的处理能力得以体现。例如,产品的外观上可能会存在一些对立的因素,如大小、轻重、粗细等,如果能够巧妙地处理这些矛盾,就能增强产品的设计感。

同时,设计感也表现在产品的功能和用户体验上。产品的功能设计需要满足用户的需求,操作流程需要流畅自然,符合用户的心理预期。用户体验设计则会从用户的角度出发,关注产品的易用性、舒适性、友好性和交互性等方面,使用户在使用产品时能够感受到愉悦和满足。

为什么说00后的年轻消费者更喜欢有设计感、融入经典元素的消费品呢？因为他们生活在一个资讯和信息爆炸的时代，各种各样的产品眼花缭乱，只有那些具备设计感的产品，无论是不走寻常路线的奇怪风格还是极简风格，抑或是科技风格、赛博朋克风格，这些产品才能吸引他们的注意力。

以下是一些具有"设计感"的产品案例。

（1）小米 MIX 4：小米 MIX 4 的设计理念是"科技与艺术的融合"，它采用了全新的陶瓷机身设计，搭配全新的 CUP 全面屏技术，使得屏占比达到了 93.4%。机身背面的设计简洁而优雅，摄像头部分采用了竖排双摄设计，下方则是小米的 Logo。此外，小米 MIX 4 还采用了全屏指纹识别技术，使得用户可以更加方便地解锁手机。

（2）AirPods Max：AirPods Max 的设计理念是"简洁、时尚、舒适"，它采用了全新的头戴式耳机设计，搭配苹果自家的主动降噪技术和音频处理技术，为用户提供了更加清晰、逼真的音乐体验。同时，AirPods Max 还采用了智能感应技术，可以自动检测用户的佩戴状态和位置，以及自动切换音频源。

（3）MacBook Pro：MacBook Pro 的设计理念是"轻薄、时尚、高性能"，它采用了全新的 Retina 屏幕技术和苹果自家的 M 系列处理器，为用户提供了更加清晰、流畅的视觉体验和更加高效、稳定的工作性能。MacBook Pro 还采用了全新的外观设计，机身更加轻薄、时尚，且更加易于携带。

（4）Nest Hello 门铃摄像头：Nest Hello 门铃摄像头的设计非常简约、时尚，同时具有很强的实用性。它可以通过手机 App 远程监控家门的情况，同时支持语音通话和录像功能。此外，Nest Hello 还采用了人脸识别技术，

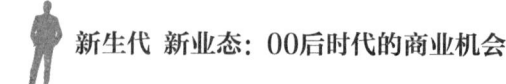

可以更加准确地识别家人和朋友的脸部特征，提供更加智能的家居安防体验。

（5）戴森V15吸尘器：它采用了全新的设计，使得吸力更加强大、清洁更加高效。它采用了内置的压电式声学传感器，搭载全新的防缠绕技术，可以自动调整吸力大小和清洁模式，以适应不同的清洁需求。此外，戴森V15还采用了全新的充电方式和电池设计，使得电池寿命更长、充电更加快速和方便。

这些产品都具有独特的设计感和美感，不仅在外观上引人注目，同时也具有出色的使用体验和功能特点。它们的设计理念和制造工艺都体现了品牌对产品品质和用户体验的追求和重视。

有"话题性"的品牌调性

有"话题性"的品牌调性是指品牌在宣传和推广过程中，通过与品牌相关的独特话题或故事，吸引消费者的关注和讨论，从而提升品牌知名度和话题热度。例如，肯德基的疯狂星期四、鸿星尔克的良心企业、支付宝新年俗、华为手机的你有手机内存焦虑吗，这些都属于品牌话题的经典案例。

一般品牌的话题性多数通过创造与自己相关的话题或故事，如品牌的历史、创始人的经历、产品的独特之处等，来吸引消费者的关注和讨论。品牌也可以结合时事热点，如社会事件、节日、季节等，推出与这些热点相关的产品或活动，从而吸引消费者的关注和参与。品牌可以利用社交媒体平台，如微博、微信、抖音等，与消费者进行互动和分享，从而提升品牌的关注度和话题热度。

比如，电视剧《延禧攻略》热播之后，化妆品品牌佰草集开启了"娘娘直播间"。正是它的话题性引起了消费者的热烈讨论，不但使得该剧收视率大涨，佰草集这个品牌也获得了更高的知名度。

00后喜欢品牌的话题性，主要是因为这一代人在信息时代下成长，他们对于品牌的认知和消费观念与之前的几代人有所不同。

首先，00后更加注重个性化和独特性的表达。他们希望品牌能够与自己的个性和喜好相符合，而不仅仅是追求产品的实用性和性价比。因此，品牌的话题性可以更好地满足他们的个性化需求，让他们感受到品牌的调性与自己的价值观和生活方式相契合。

其次，00后对于品牌的认知更加全面和深入。他们不仅关注产品的质量和服务，还更加注重品牌的社会责任感和价值观。他们希望品牌能够积极传递正能量，关注社会热点问题，并通过与品牌的互动和交流，提升自己的社会参与度和责任感。

最后，品牌的话题性也是00后表达自我和进行社交的一种方式。他们通过与品牌的互动和分享，展示自己的个性和独特性，同时也可以与其他消费者进行交流和讨论，形成更加紧密的社交网络。

不少品牌开始有意识地制造品牌的"话题性"。例如：

（1）运动品牌"李宁"与《人民日报》联名采用"撞色"设计，彰显个性。这个合作不仅让"李宁"在年轻人中获得了更多的关注和认可，也提升了品牌的社会责任感和爱国情感。

（2）JEET蓝牙耳机，品牌以"丑"自居，通过举办"炫丑大赛"吸引年轻人的关注，从而提升了品牌的知名度和话题度。同时，JEET蓝牙耳机也注重品质和用户体验，深受追求品质、注重体验的年轻人的喜爱。

（3）《王者荣耀》，通过与M·A·C合作推出限量口红，将游戏中的角色形象与化妆品结合，打破了次元壁，吸引了大量年轻用户的关注和购买。

（4）宝马，通过有趣的沙雕动画广告《高能的一匹》和邀请00后新生代表易烊千玺担任品牌代言人，提升了品牌在年轻人中的知名度和好感。同时，广告传达出的"勇于突破，征服坎坷"的品牌理念也深受年轻人的认同。

当品牌与顾客关系变为人际关系时，越来越多的品牌开始从广告和公关的传说中走出来，下场直接和客户对话，沟通从传达转变为对话，该对话的主题即为品牌话题。社交时代，话题引发传播和互动，品牌传播通过产生各种话题来吸引用户参与，增强品牌活力。所以，品牌话题可包括若干广告、创意、事件、社交话题的矩阵，也可以是一个日常热搜、热点。

当品牌话题和传播目的高度结合，在社交媒体平台上产生了广泛讨论时，就提升了品牌传播的效率，更能通过互联网直接销售，成功驱动商业。"谷歌""苹果""特斯拉"等公司都是这方面的践行者，尤其是"特斯拉"，几乎很少投放广告，却不断地推出品牌话题保持活力。肯德基的"疯狂的星期四"是一个成功的案例，发布大量品牌话题相关内容，获得品牌活力与促销双赢。

品牌话题性的产生不外乎以下三种方式。

1. 养的

品牌自我养起来的话题。品牌创造一个独特的品牌故事，如品牌的起源、产品的研发过程、品牌的愿景等，来吸引消费者的关注和认同。这些故事让消费者对品牌产生更深的情感联系，提升品牌的知名度和话题热度。品牌可以针对产品的特点或创新点，制造与产品相关的话题或活动，如限量版产品、新品发布会、产品挑战等，来吸引消费者的关注和参与。这些话题可以让消费者对产品产生更深的了解和浓厚兴趣，促进产品的销售和品牌的传播。

2. 蹭的

品牌前置化预见或迅速跟进社会热点，把握社会情绪，主导品牌话题产生，并在关键时刻通过网络与顾客共同讨论。品牌可以利用社交媒体平台，如微博、微信、抖音等，与消费者进行互动和分享，从而创造话题和热点。品牌可以通过发布有趣的图文、视频、直播等形式，与消费者进行互动和交流，从而提升品牌的关注度和话题热度。

3. 捡的

发现有一个野生话题或顾客的共同诉求与自己有关，官宣捡入。例如，Kindle 盖泡面。Kindle 盖泡面是一种调侃的说法，指的是 Kindle 电子书阅读器被用来盖住泡面的行为。这个说法源于一些人在使用 Kindle 时，发现它的大小和形状正好可以用来盖住碗里的泡面，于是产生了这样的玩笑。实际上，Kindle 是一种专门用于阅读电子书的设备，由亚马逊公司推出。它的大小和形状设计主要是为了方便人们阅读电子书，而不是用来盖泡面。虽然有些人可能会用它来盖泡面，但这并不是它的主要用途。但由此引发的话题却让这款电子书阅读设备收获了知名度。

品牌在营造话题性营销的时候，要记住目的性、相关性和可讨论性，三者缺一不可。同一个品牌话题在不同社交平台有不同的内容引领和表述方式，需要尊重每个平台的语言习惯和流量倾斜，据此调整话题表述。比

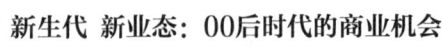

如,微博的流量围绕"热搜",抖音围绕"人",B站围绕"视频",小红书围绕"标签",品牌话题在不同平台表达时应突出流量重点。

能为年轻人创造"惊喜感"

在品牌与消费者的互动中,惊喜感是一种能够吸引消费者注意力和提升品牌形象的重要因素。通过为消费者带来意想不到的惊喜,品牌可以加深与消费者的情感联系,提高消费者忠诚度。如今网购已经成为我们生活的一部分,比如,"到货快""便宜""性价比高"等已成为标配特点;什么才是惊喜呢?是卖家附赠的精美小礼物,往往会给消费者带来惊喜。

例如,卖零食的百草味,在春节期间与文化IP国家宝藏合作,推出了"瑞象万千""祥瑞潮盒""运满乾坤"礼盒。这是品牌抓住热门文化潮流的方式,也是品牌为笼络年轻人而创造的重要契机。在百草味的礼盒中,除了具有中国文化特色的符号祥龙,更是将具有民族文化底蕴的《千里江山图》原图中的八幅篇章作为限量盲盒卷轴,放入礼盒中,既有着美好的寓意,又给用户带来品牌限定的惊喜。

想要打动年轻消费者的心,离不开惊喜感的创造,品牌可以通过以下方式创造惊喜感。

1. 创造独特的品牌体验

品牌可以创造一种独特的消费体验,让消费者感受到品牌的独特性和价值。例如,通过提供定制化的产品或服务、打造独特的购物体验或举办有趣的品牌活动等，让消费者对品牌产生更深的情感联系，提高其忠诚度。

2. 超出预期的服务或回报

品牌可以通过提供超出消费者预期的服务或回报来创造惊喜感。例如，在购物过程中突然赠送额外的礼品、打折券或积分等，或者在产品包装中放入额外的配件或赠品等，让消费者感到品牌关心他们的需求和感受。

3. 推出创新的产品或服务

品牌可以通过不断推出创新的产品或服务来创造惊喜感。例如，推出新的功能、设计和价格等，让消费者感到品牌在不断进步和提升。

4. 个性化的定制化服务

品牌可以根据消费者的需求和喜好，提供个性化的定制化服务或体验。例如，为消费者量身定制产品、提供专属的购物体验或 VIP 服务等，让消费者感到品牌能够满足他们的独特需求。

5. 运用情感营销

品牌可以通过情感营销来创造惊喜感。例如，通过与知名人士或明星合作、讲述感人的品牌故事、传递正能量等方式，让消费者感到品牌的情感联系和价值观与他们自己的情感和价值观相契合。

6. 利用社交媒体平台

品牌可以利用社交媒体平台，如微博、微信、抖音等，与消费者进行互动和分享，从而创造话题和热点。例如，发布有趣的图文、视频或以直播等形式，与消费者进行互动和交流，从而提升品牌的关注度和话题热度。

具备"未知感"的东西能吊起年轻人胃口

年轻人通常对于新奇、有趣、充满未知感的事物充满好奇心和探索欲望。当一个品牌或产品能够提供这种未知感时,年轻人就会被吸引并想要了解更多。

对于年轻人来说,未知感可以激发他们的想象力和探索欲望,让他们对品牌或产品产生更强烈的情感联系和忠诚度。因此,品牌可以通过创造具备未知感的产品或营销活动,吸引年轻人的关注和参与。

最近在北京、南京、长沙和重庆等大城市纷纷掀起了"盲盒热",这种盲盒不仅体现在玩偶和泡泡玛特上,还体现在茶饮上。20多元的价格,抛开原本的奶茶、咖啡还能随机获得一份礼物,甚至连饮品口味都是随机的,这种满满的"未知感"俘获了年轻人的心。正是因为盲盒营造的"未知感"拉满了消费者的期待值,拿到手后神秘感十足的礼物充分调动起消费者的好奇心,最终获得了远远超越产品本身的情绪价值。

Mob研究院《2020盲盒经济洞察报告》显示,2019年我国盲盒行业市场规模为74亿元,2020年超过百亿元,预计2024年盲盒行业市场规模将翻2倍,达300亿元。盲盒的主要受众是95后和00后群体。

除了盲盒,常见的一些大品牌也纷纷在"未知感"方面进行营销。

星巴克的"神秘菜单"是一种具有未知感的营销策略。消费者可以通过在社交媒体上发布自己购买的神秘饮品或探索未知的口味组合，增加互动和参与度。这种未知感让消费者感到品牌具有独特性和探索价值。星巴克的神秘菜单是指那些不在正式菜单上，但员工会私下向熟客或有特殊请求的客人推荐的特色饮品。这些饮品通常是由员工根据自己的创意和喜好调配出来的，具有一定的独特性和神秘感。香草拿铁＋浓缩咖啡＋焦糖＋奶油＋巧克力碎片、冰摇柠檬＋覆盆子糖浆＋原味糖浆＋气泡水＋薄荷叶、热摩卡＋奶油＋巧克力碎片＋焦糖、冰摇咖啡＋原味糖浆＋巧克力碎片＋奶油等。

哈根达斯通过推出"神秘口味"系列，让消费者在购买时能够体验到未知的惊喜和期待。这种未知感让消费者对品牌产生更强烈的情感联系和忠诚度。

乐事通过推出不同口味和包装的薯片，让消费者在购买时能够体验到未知的惊喜和参与感。这种未知感增加了品牌的趣味性和独特性，提升了消费者的购买体验和品牌好感度。

保持"未知感"的营销手段通常在以下情况下使用。

1. 新产品发布

当一家公司推出新产品时，"未知感"营销可以激发公众的兴趣和热情。通过保持信息的保密性，提供令人好奇的线索和预告片段，可以在产品发布之前构建期待和悬念，从而吸引更多的关注和参与。

2. 品牌希望进行重新定位

当一个品牌需要重新定位或改变形象时，保持"未知感"的营销可以通过提供一种新的方式来引起关注。通过秘密的宣传活动、带有神秘的广告和暗示性的信息，可以营造出一种独特的氛围，吸引目标受众的兴趣，并重新塑造品牌形象。

3. 提高社交媒体参与度

"未知感"营销在社交媒体上也非常有效。通过提供一些谜题、挑战、线索或者隐藏的内容，可以激发用户的好奇心，促使他们积极参与和分享，从而扩大品牌的社交媒体影响力。

4. 增加口碑传播

营造"未知感"的营销可以通过鼓励用户主动参与、解谜或分享隐藏信息来增加口碑传播。这种有趣的体验和独特性激发了用户之间的对话和分享，从而扩大了品牌的知名度和影响力。

和消费者平等沟通，品牌打造"松弛感"

现在流行一种生活理念，叫作"让生活多些松弛感"。无论用在个人生活状态还是环境氛围。人们都不喜欢紧张的氛围，他们需要找到一个可以让自己感觉松弛自在的地方或品牌，往往是消费者的真实需求。品牌也敏锐地嗅到了"松弛感"背后的经济效益，一时间以"松弛感穿搭""松弛感家居""松弛感服务"为话题的内容营销也层出不穷。《2023中国消费趋势报告》调研数据显示，52.9%的消费者在2022年选择了娱悦身心，放松自我。消费者通过不断地自我感受，凸显自身对于产品精神和趣味的需求。

"松弛感"是指一种舒适、轻松、自然的状态，通常与身体状态、心理状态以及环境氛围等因素有关。在身体状态方面，松弛感可能表现为肌肉放松、呼吸平稳、心率缓慢等；在心理状态方面，松弛感可能表现为情绪稳定、思维清晰、心灵宁静等；在环境氛围方面，松弛感可能来自舒适的温度、柔和的光线、安静的音乐等。简单理解，松弛感是约等于高级感，又超越高级感的一种状态。品牌打造"松弛感"是指通过营造一种轻松、自在、舒适的氛围，让消费者在品牌体验中感受到放松和愉悦。

年轻人更喜欢"松弛感"是对"卷"文化的无声反抗。松弛是一种不匮乏的逍遥状态。在70后、80后的身上很难看到"松弛"，生活和生存的压力使他们处于焦虑和紧张的状态中，而当下的年轻人没有太大的经济压力，生活也多数在父母的庇佑下过得衣食无忧，相对而言整个状态更加放松和自由。年轻人致力于打破紧绷的生活状态，寻找属于自己的松弛感。

时代情绪的变化，是品牌发声的切入口之一。对于主打治愈系、高端系的品牌来说，在当前的社会氛围中，传递、营造品牌的松弛感正当时。

在当代社会中，个人感受的重要性持续上升，对情感联结的需求越加强烈，人们期待在"个性化满足"与"共同感建设"之间寻求平衡，在不妥协个人感受的前提下加强情感联结，满足自我需求的同时也积极考虑他人的感受，更主动地创建"共同仪式"时刻。同时，当代社会关系的建设更趋于平等与相互尊重，在尊重个体独立的同时，也在逐渐向共同建设、共同分享、共同创造的关系过渡。品牌与消费者也逐渐走向更加松弛的互动模式，品牌正在用一种更轻松自由的姿态与消费者建立联结，用平等对话的方式与消费者进行互动。

品牌需要积极迎合这种对于"松弛感"的消费需求，需要从以下三个方面进行。

1. 要打造情绪共鸣的消费者认同感

品牌要结合消费者的生理和心理状态，以及消费者的文化背景、社会地位等，选出符合自己客群的目标群体，并进行认同感需求洞察，为圈层文化构建做好准备。

2. 完善消费者体验的内容

对品牌而言，"松弛感"就是一种"情绪经济"，品牌想要具备差异化能力，就要做到激发消费者的情绪，尝试与用户进行平等对话，彰显品牌的真诚。

3. 营造具有松弛感的氛围和场景

年轻的消费者不听忽悠，品牌更不能给他们虚构或"画大饼"，而是要实实在在地将品牌转化成落地的场景。具体落地到某种服饰、妆容、家具产品的搭配上面，从消费者日常所能接触到的、具体的场景问题入手。"松弛感"可以在许多不同的实际应用场景中发挥作用。以下是一些常见的应用场景。

娱乐和休闲：在电影院、游戏厅、咖啡馆、酒吧等娱乐和休闲场所中，松弛感可以通过舒适的座椅、柔和的灯光、舒缓的音乐等元素来营造，让人们感受到放松和愉悦。

旅游和度假：在度假村、酒店、民宿等旅游和度假场所中，松弛感可以通过美丽的风景、舒缓的音乐、温馨的服务等元素来营造，让人们感受到放松和愉悦。

美容和护肤：在美容院和SPA中心等场所中，松弛感可以通过柔和的音乐、香薰的精油、舒缓的按摩等元素来营造，让人们感受到放松和愉悦。

总之，松弛感就是让人们找到"治愈"的感觉。那么，品牌营销如何才能打造"松弛感"呢?

首先,以朋友的口吻进行交流。无论是社群还是自媒体,抑或是品牌官网,想要打造轻松的氛围,就要像朋友的交流,不能说教。年轻人不需要被教育,他们只需要平等和自由。

其次,不要总想着"销售"。现在越来越不被年轻人待见的就是硬广,如果你赤裸裸地打广告,用户会很快对内容失去兴趣,从而不再关注,甚至会遗忘这个品牌。有趣、有料的内容,不着痕迹的营销,反而容易吸引消费者,他们喜欢上你的调性,才会慢慢接受品牌的文化。

再次,平和地接受用户的"不喜欢"。一个品牌想赢得消费者需要面面俱到,如果遇到他们的偶尔差评就"玻璃心",这样的品牌往往做不强大。有人给出差评,一定是品牌还有改进的空间,真诚且虚心地接受差评,会让人觉得真实又可爱。

最后,高级的营销是"不营销"。高级的销售不是给人洗脑,不给人营造一种"错过了就再也买不到"的紧张。反而是替别人考虑,劝别人不要冲动消费,往往更容易让人喜欢这种真诚。赢得人心,才能得到转化。

原生感,讲述品牌故事

市场竞争激烈,新品牌和竞争对手不断涌现,品牌想要在竞争中脱颖而出,离不开改进与创新,以及不断寻找差异点。拥有"原生感"的品牌更容易推动创新和变革,也更能够与竞争对手形成差距。

品牌的"原生感"是指品牌在创建过程中所展现出的独特个性和特点，以及与本土文化和传统之间的联系。它强调品牌在产品研发、设计、生产、营销等各个环节中所呈现出的独特性和原创性，以及与消费者之间的情感联结和认同感。

品牌的"原生感"通常体现在品牌的理念、品牌故事、产品设计、品牌形象、营销策略等方面。品牌的"原生感"可以让消费者感受到品牌的独特魅力和价值观，从而产生认同感和归属感，提高品牌的忠诚度和口碑。

在打造品牌的"原生感"时，品牌需要关注本土文化和传统，尊重消费者的价值观和需求，通过创新和个性化的方式来呈现品牌的特点和个性，从而与消费者建立情感联结和信任。同时，品牌也需要注重产品的品质和独特性，以满足消费者的需求和期望，进一步提升品牌的"原生感"。

一般具有"原生感"的品牌有两层含义：一是品牌或者设计的原创和原生，跟市场形成鲜明的差距和对比；二是表达的原生性，就是同样的东西可以再造或再创，实现表达上的不同。

以"三只松鼠"为例，这是一个具有"原生感"的品牌。三只松鼠以其可爱的松鼠形象和富有创造力的营销策略，成功地打造了具有鲜明个性和独特魅力的品牌形象。

首先，从品牌名称到品牌形象，三只松鼠都给人留下了深刻的印象。品牌名称"三只松鼠"具有趣味性和可爱性，易于记忆和传播。同时，品牌形象中的松鼠形象也具有极高的辨识度和独特性，让消费者能够轻松地记住品牌。

其次，三只松鼠的产品也具有独特性和高品质。该品牌专注于坚果、干果等天然食品的研发和生产，产品种类丰富，口感优质，深受消费者喜爱。同时，三只松鼠也不断推出创新的产品和服务，如定制礼盒、坚果炒货等，满足了消费者的不同需求和期望。

最后，三只松鼠的营销策略也具有创意和个性化。例如，在品牌宣传中，三只松鼠通过可爱的松鼠形象和幽默的语言与消费者进行互动，让消费者感受到品牌的趣味性和亲切感。此外，三只松鼠还通过社交媒体等渠道与消费者保持紧密的互动，及时回应消费者的问题和反馈，增强了消费者对品牌的信任感和忠诚度。

再如，运动品牌"李宁"也属于具有"原生感"的品牌。品牌的创始人李宁是一位著名的体操运动员，他在奥运会上为国家争光，成为中国体育的代表人物。这种与国家体育历史的紧密联系，为"李宁"品牌赋予了浓厚的"原生感"。"李宁"的品牌形象也具有独特性。品牌的标志是一只腾飞的鸟，寓意着不断追求卓越、挑战自我的精神。同时，"李宁"的广告语也具有激励性和感染力，如"一切皆有可能""让改变发生"等，这些广告语激发了消费者对运动的热情和对品牌的认同感。"李宁"在产品研发方面也具有创新性。品牌注重科技研发和设计创新，推出了许多具有特色的产品，如智能跑鞋、轻质羽绒服等。这些产品的设计和功能都充分考虑了中国消费者的需求和习惯，使消费者在购买产品时能够感受到品牌的独特性和个性化。品牌通过与知名运动员、明星合作，举办大型活动和赛事等方式，提高了品牌的知名度和影响力。同时，"李宁"还通过与传统文化相结合的方式，推出具有中国特色的产品和文化活动，进一步增强了品牌的"原生感"和独特性。

想要打造品牌的"原生感"，需要从以下三个方面进行。

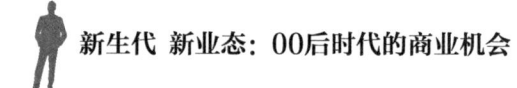

1. 真实呈现产品

品牌应确保其产品的呈现和描述是真实和准确的。消费者能够从品牌处获得准确的产品信息,包括功能、品质、价格等,这将有助于建立品牌的信任感。

2. 强调品牌故事

品牌故事是连接消费者与品牌的桥梁。通过讲述有关品牌创立背景、发展历程和理念的故事,可以增强消费者对品牌的认同感和归属感。

3. 强调品牌价值观

品牌应明确并坚守自己的价值观,如环保、社会责任等。这些价值观可以成为连接品牌和消费者的纽带,使消费者在购买产品时能够感受到品牌的价值观与自己相契合。

存在感,品牌要深入消费者生活

品牌"存在感"是指品牌在消费者心中所占据的地位和影响力,它反映了品牌与消费者之间的联系和互动。一个具有强大存在感的品牌能够在消费者日常生活中发挥积极的作用,满足消费者的需求和期望,从而获得消费者的认可和忠诚。

为了深入消费者生活,品牌需要关注消费者的日常生活和消费习惯,了解他们的需求和痛点,通过创新和个性化的方式来提供解决方案。同时,品牌还需要积极与消费者进行互动和沟通,建立情感联结和信任,从而更好地融入消费者的生活。

例如，一些健康食品品牌可以通过提供营养均衡的产品来满足消费者的健康需求，同时通过社交媒体等渠道与消费者保持互动，分享健康知识和生活经验，从而增强品牌的存在感和影响力。再如，一些运动品牌可以通过提供个性化的运动装备和服务来满足消费者的健身需求，同时通过举办赛事和活动来增强品牌与消费者之间的联系和互动。

在强化存在感方面，如提供定制服装、鞋履、配饰等商品，让顾客感受到独特的存在感。

具有"存在感"的品牌，比如，星巴克通过在全球范围内提供优质的咖啡和舒适的环境，以及具有辨识度的品牌形象，建立了强大的存在感。消费者可以通过一杯咖啡、一份烘焙糕点或者一个安静的角落，感受星巴克的独特氛围。苹果作为一家科技公司，通过不断推出创新的产品和服务，如 iPhone、iPad、Mac 等，以及独特的品牌形象和用户体验，建立了强大的存在感。消费者对苹果产品的追求和热爱，使得苹果成为全球最具价值的品牌之一。耐克通过激励人们追求运动和健康的生活方式，以及推出具有辨识度的广告语和标志，建立了强大的存在感。消费者可以通过购买耐克的产品，表达自己积极向上的生活态度和追求。迪士尼通过创造欢乐和梦想的世界，以及提供独特的娱乐体验，建立了强大的存在感。消费者可以在迪士尼乐园中体验童话般的王国，或者通过购买迪士尼的产品，感受迪士尼的魅力。

品牌的存在感有两个维度：名气大是一种，也就是有知名度胜过无知名度，比如，一些大品牌都属于名气大；另一种是品类和特性的强大，有认知度胜无认知度，比如，苹果品牌、茅台等就是品类和特性的强大。

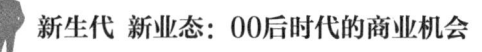

所以，做有"存在感"的品牌核心就是实现品牌与品类、特性的绑定关系，进而使得消费者在需求产生时，能够第一个想到你，这就是所谓占据心智的力量，也是品牌强大存在感的实力彰显。

品牌要想打造"存在感"，需要在实实在在的地方下功夫，是摸得着、看得见、有温度、能体验的。一个纯粹的产品主义者是品牌的第一步，好比互联网公司CEO要做首席用户体验官一样。产品是基础，通过核心产品、形式产品和附加产品形成一组满足消费者需求的有形和无形的组合。一个产品的存在感往往是在用你的产品的不同层次所挖掘出来的不同价值。产品不但要停留在物质层面，还要提升到精神层面。

有了产品之后，围绕产品的内容宣传也是非常关键的点。比如，在各家牛奶品牌都在打造天然牧场的背景下，认养一头牛从奶牛开始，以什么样的牛，孕育什么样的奶为产品卖点，通过围绕奶牛的饮食起居来做内容衬托卖点。在品牌层宣扬：奶牛养得好，牛奶才会好；在企业层宣传：我们不生产牛奶，我们只是替用户饲养奶牛；在推广层面：心情好、吃得好、住得好（每头牛每天伙食费约80元）、工作好、出身好（每头牛都是澳大利亚血统）、心情好（每头牛都会听音乐、做SPA、享受药浴）。

品牌最高级的"存在感"就是感觉不到其存在，却又无处不在，当其消失不见，感觉很不舒服、不习惯。一个品牌、一个企业所有的努力和投入就是为了建立可持续赚钱获利的"护城河"，而品牌的"存在感"即为"护城河"。所以，品牌的终极目标是获得存在感，让消费者在心里给你的品牌留出一亩三分地，安放你的品牌，你就成功了。

氛围感，用场景增加吸引力

随着消费者意识的觉醒，追逐潮流的年轻人在消费过程中会更加注重产品的颜值与内涵，同样也更加在意品牌的精神和由此传达出的情感和价值观。对产品与服务也有着多元化的需求，更加注重品牌在营销过程中所创造的氛围感，因此，氛围感营销是能够帮助品牌俘获年轻人的一大利器。

什么是品牌的"氛围感"呢？

品牌的氛围感是指消费者在接触品牌时，通过视觉、听觉、嗅觉、味觉和触觉等多种感官体验，感受到的一种综合的、独特的品牌氛围。这种氛围感是由品牌所传递的信息、品牌形象、产品和服务等多个方面共同塑造的。

品牌的氛围感可以影响消费者对品牌的认知和态度，进而影响他们的购买决策和消费体验。例如，一些高端品牌通过营造高贵、典雅的氛围感，让消费者感受到品牌的高端形象和品质，从而吸引更多的高端消费者。

为了营造品牌的氛围感，企业需要在品牌形象、产品和服务等方面进行全方位的考虑和设计。例如，在品牌形象方面，可以通过标志、颜色、字体等元素的设计，传达品牌的个性和形象；在产品和服务方面，可以通过产品的设计、包装、陈列方式等元素的设计，以及优质的服务体验，营造出独特的产品氛围。

营造氛围感,需要为用户铺设场景,场景能够使人产生特殊的沉浸式体验。氛围感多种多样,有自然环境形成的自然氛围,也有人为塑造的人文氛围,这些氛围根据感官体验的不同能够给人们带来不同的感受。品牌在营造氛围感时,往往倾向于借助积极的感官体验营造好氛围,为身处其中的人们带来愉悦感。

消费者不会因为没有衣服穿了才去买衣服,放在购物车里几个月都不大可能付款,但无论是一场美学沙龙,还是露营体验,一场艺术展览,都必将会拉近品牌与用户之间的距离,因为品牌营造的氛围感拉近与他们的距离。

一些常见的知名品牌,往往都是营造氛围感的高手。例如:

(1)喜茶通过营造一种时尚、年轻的品牌氛围,吸引了大量年轻消费者的关注。店内装修以简约、清新为主,同时注重空间的利用和体验感的打造。在产品方面,喜茶注重口感和品质,同时不断推出新品和限量版饮品,满足了消费者的新鲜感和好奇心。

(2)海底捞通过提供优质的服务和独特的用餐体验,营造了一种热情、亲切的品牌氛围。店内服务周到、细致,包括提供免费的水果、小吃等,以及为消费者提供个性化的服务和体验。这种氛围感让消费者对海底捞产生了强烈的信任感和忠诚。

(3)宜家通过展示各种家居用品和装饰品,营造了一种温馨、舒适的家居氛围。在店内,消费者可以体验各种不同的家居风格和空间布局,同时还可以购买价格实惠、品质优良的家居用品。这种氛围感让消费者对宜家产生了强烈的信任感和好感。

对于品牌而言,氛围感不是一个虚的东西,而是一个有关"网感"的词语，代表着与用户相关的流量、心智、体验、习惯，以及最后转换成的消费。围绕着氛围感本身，尤其是那些更容易重复买单的氛围感，那些体现情绪价值的氛围感，就成了不少品牌、场景和定位设计的目的。

那如何进行氛围感的创造呢？

1. 氛围感是综合性的

它可以是文字、味道、音乐、画面，是可见的和可不见的综合起来的一种暗示，可以调动感官体验，所有这种感受集合起来，便形成了所谓的"氛围感"。

"氛围感"是综合性的，因为它涉及多个感官体验和感受，包括视觉、听觉、嗅觉、味觉和触觉等。这些感官体验和感受相互作用、相互影响，共同构成了一个综合性的品牌氛围。

具体来说，视觉体验可以来自品牌形象的设计、产品包装的色彩和图案、店内装修和陈列方式等。听觉体验可以来自品牌广告的背景音乐、店内环境的噪声水平、服务人员的语言和声音等。嗅觉体验可以来自店内环境的空气质量、香氛味道等。味觉体验可以来自品牌所提供的产品和服务，如咖啡、茶、甜品等。触觉体验可以来自产品的材质和质量、服务人员的接触和态度等。

这些感官体验和感受的综合作用，使得消费者能够感受到一个品牌的独特氛围。这种氛围感来自品牌的历史和文化、产品的品质和服务、营销策略的运用等多个方面，是品牌形象和品牌体验的重要组成部分。

2. 氛围感是一套审美系统

氛围感是基于一种整体性的美学理念和设计方法，强调的是品牌或产品的整体氛围和感受。氛围感强调的是品牌或产品的整体性和统一性，包括品牌形象、产品设计、包装、陈列等多个方面。这些方面相互呼应、相互支持，共同构成了一个整体性的品牌氛围。氛围感注重的是消费者与品牌或产品之间的情感联结和共鸣。这种情感联结来自品牌或产品的设计、功能、文化价值等多个方面，是消费者对品牌或产品产生好感和忠诚的关键。氛围感强调的是品牌或产品的独特性和个性。这种独特性可以来自品牌的历史和文化、产品的设计和技术等多个方面，是品牌或产品在市场竞争中脱颖而出的关键。

3.氛围感是一套话语体系

营造氛围感最终的目的是实现输出和传播，可以对消费者有说服力。是在不断创造附着在产品和场景之上的情绪价值。让一个产品在功能所需的基础上，不断去深化情绪标签，基于情感认同的购买总是比头脑清醒、理智的购买要大方得多。

总之，氛围感是独特审美和文化的传达。00后年轻人，他们喜欢产品的颜值，喜欢产品的品质，追求品质的人一定是挑剔的，有自己的审美标准。

小众品牌想要引领这部分用户，首先要提升自己的眼界与品位，不仅是关乎产品本身，更多的是如何营造精致生活的氛围、对艺术的理解、对美学的表达，将这些融入品牌理念、场景设计、产品包装、主题活动中。一场美学沙龙、一次露营体验、一场艺术展览，这样形成的氛围感，都必将会拉近品牌与用户之间的距离，收获不同小众圈层的目标客群。

圈层与KOL成为品牌与新生代沟通新渠道

不同的年龄段、不同的兴趣爱好会组成不同的圈层，在圈层中他们又极大地受到"意见领袖"的影响。因此，圈层与KOL成为品牌与新生代沟通的新渠道。

圈层指的是具有相似兴趣、特征或需求的人群聚集在一起形成的特定群体。这些群体可能是在社交媒体上，也可能是在线下的现实生活中。圈层的特点在于其封闭性和排他性，即只有符合特定条件或特征的人才能进入该圈层。KOL，即Key Opinion Leader，关键意见领袖。通常是指在特定领域或行业中具有影响力和专业知识的人。他们在社交媒体或线下活动中拥有一定数量的粉丝或听众，并能够通过自己的言论或推荐对粉丝的购买决策产生影响。

在营销中，圈层和KOL都是重要的手段。通过精准地定位目标圈层，企业可以更好地了解目标用户的需求和兴趣，进而设计更符合他们需求的产品或服务。同时，与KOL合作可以借助他们在行业内的影响力，将企业的产品或服务推荐给更多的潜在用户。

"意见领袖"是新品牌的信任代理，是媒介的活跃分子，更是连接消费者与品牌的最短距离。那些能够快速走红的新消费品牌无疑都找到了与之匹配的KOL。

新生代 新业态：00后时代的商业机会

互联网发展到今天，圈层经济已经渗透到社会经济生活的方方面面，比如，消费圈层中，都市青年、小镇青年、辣妈、奶爸……从购物、娱乐、办公、兴趣爱好四大类来看，区隔正在拉开，比如，年轻用户更喜欢手淘，辣妈、奶爸喜欢拼多多，00后钟情于泛娱乐领域，如芒果TV、快手、抖音等。用户基于兴趣、爱好、行为构成不同的价值，形成独特的圈层经济。年轻群体和基于兴趣的圈层普遍具有高黏性和高线上消费能力特征。圈层人群是精神认同的兴趣聚合的人群，在数字世界中具有天然的传播力；圈层是以大数据方式运作，周期短，更加敏捷；圈层方法的产出更具营销指导意义，更容易在媒体上实践和推广。

圈层营销正在成为一种新的趋势，许多品牌也开始尝试入圈、破圈，成为品牌与新生代沟通的新渠道。例如，完美日记与KOL周洁琼合作，推出新品采用限量版，搭配专属礼盒，同时携手美妆博主周洁琼进行推广，利用KOL的影响力，将产品推向目标消费群体，成功打造出高颜值、高品质的爆款产品。钟薛高和KOL朱一旦合作，推出了一款联名款雪糕。通过朱一旦的抖音短视频，吸引了大量粉丝关注，同时在线下举办发布会等活动，邀请粉丝参与互动，成功地将产品推广到目标消费群体。喜茶与KOL陈坤合作，推出了"陈坤限定周边"，并由陈坤亲自录制视频进行推广。通过陈坤的影响力，成功地将产品推向目标消费群体，提升了品牌知名度和美誉度。百事可乐与KOL王嘉尔合作，推出了一款限量版的"百事可乐王嘉尔纪念罐"。通过王嘉尔的影响力，成功地将产品推向目标消费群体，并引发了广泛的关注和讨论。

这些案例都充分证明了圈层与KOL营销的重要性和有效性。通过选择与品牌形象相符的KOL进行合作，能够快速地将产品或服务推广到目标消费群体，提高品牌知名度和美誉度。同时，KOL 的社交影响力也能够引发消费者的关注和讨论，促进产品的销售和口碑传播。

"意见领袖"的核心在于"种草"和"拔草"，这是由视频化社交媒体的性质决定的。例如，某消费者在微博上看到一双鞋，图文的性质让他的关注点聚集在这双鞋的设计、用料、做工和品牌历史上。而消费者在抖音看到一双鞋，觉得达人穿着鞋跳舞非常酷，就被"种草"了。KOL 时代，消费者尤其是年轻的消费者，他们形成一个个圈层，往往会主动去寻找圈层中的 KOL，再受其影响。而在达人时代，智能分发会将消费者感兴趣的达人推荐给他，让其找到组织，逐渐受到影响。

例如，纽西之谜护肤品牌，通过全渠道营销实现了月销百万笔的超级大爆品。他们通过头部主播、明星和全平台 KOL 的多维度全方位推荐，成功地打造出产品的强大销售网络。

首先，纽西之谜从社交电商平台开始，逐步拓展到唯品会、京东、天猫等平台，并借助抖音、快手、小红书等平台的推广和直播带货完成销售量级跃升。其次，在营销上，纽西之谜品牌通过头部主播、明星和全平台 KOL 的多维度全方位推荐，将一些流量女星与众多头部、中腰部达人打造成第一波官方主力，进而辅以海量的 KOL "种草"，达到最佳营销效果。最后，纽西之谜也注重线下销售。例如，意大利时尚集团 CALZEDONIA 找来杨幂做代言人，在地铁站等各渠道铺开宣传，使其知名度迅速提升。

这个案例充分展示了如何通过圈层与 KOL 营销实现品牌推广和销售增长。

那么，在利用圈层和 KOL 营销的时候，有四点注意事项。

1. 明确目标圈层选择合适的 KOL

在制定营销策略之前，企业需要明确目标圈层，即明确产品的目标受众和他们的兴趣、需求等特点。这样可以更好地制定符合目标圈层的营销策略，提高营销效果。选择合适的KOL是圈层与KOL营销的关键。企业需要根据目标圈层的特点和需求，选择在该领域具有影响力和专业知识的KOL进行合作。同时，还要考虑KOL的形象和风格是否与品牌形象相符，以及KOL的受众群体是否与目标圈层相匹配。

2. 制订合理的合作计划

在确定与KOL的合作后，企业需要制订合理的合作计划，包括合作方式、时间安排、营销内容等方面的细节。同时，要充分考虑KOL的意见和建议，确保合作能够顺利进行并达到预期效果。

首先，所选择的KOL本身的影响力要强。一个圈子中的"意见领袖"有100万粉丝，而另一个有几万粉丝，明显不在一个量级。一个垂直类的KOL与一个非垂直类的KOL也有本质的不同。所以，选择时要先垂直后泛垂直，越垂直信息源就越强。

3. 保持沟通和透明，关注数据和效果

在合作过程中，企业需要与KOL保持良好的沟通和透明，及时解决合作中出现的问题和纠纷。同时，要尊重KOL的意见和建议，共同制定最佳的营销策略。在实施圈层与KOL营销的过程中，企业需要关注数据和效果，及时调整策略并优化营销内容。同时，要关注KOL的带货能力、粉丝画像等数据指标，为后续的合作提供参考和依据。

4. 维护好品牌形象

在圈层与KOL营销中，品牌形象至关重要。企业需要时刻关注品牌形象的变化和反馈，及时调整策略并优化营销内容。同时，要避免与不良的KOL合作，以免对品牌形象造成负面影响。

品牌成为生活方式解决方案提供商

新时代的商业竞争，已经从品牌方转向了用户主权时代。00后消费者对于品牌的期待不仅仅能够为其提供理想中的产品，更是需要品牌能够成为生活方式解决方案的提供商。

品牌要成为消费者生活方式解决方案的提供商，意味着品牌需要深入了解消费者的生活需求、习惯和偏好，并提供针对性的解决方案，从产品、服务到体验等多个方面为消费者创造价值。

00后作为新生代消费者，在有了更高收入水平和更多闲暇时间的同时，他们的消费需求不仅仅在于拥有物品、获得服务，更多地转变为追求特定的体验，感受生活的多样性。新消费不仅仅是新产品、新渠道、新媒体，在新的消费需求驱动下，"新消费"拥有更强烈的"生活方式化"的特征。消费者期望全套解决方案，这升级的需求，正不断打破原有的行业分野，改写竞争格局。

在为消费者提供全套解决方案方面，有不少企业已经走在前面。例如：

（1）苹果公司不仅提供硬件产品，如iPhone、iPad、Mac等，还提供软件产品，如iOS、macOS等，以及云服务、内容订阅等。苹果公司通过提供全套解决方案，让消费者在享受科技带来的便利的同时，也获得了更好的体验和更多的价值。

（2）亚马逊公司不仅提供在线零售服务，还提供云计算服务、数字流媒体服务、物流服务等。通过提供全套解决方案，亚马逊公司不仅满足了消费者的不同需求，还降低了消费者的生活成本和提高其生活效率。

（3）迪士尼公司不仅提供电影、主题公园等娱乐产品，还提供消费品、互动媒体等。迪士尼公司通过提供全套解决方案，将消费者生活中的各个方面都涵盖在内，让消费者能够更好地体验和享受迪士尼的品牌价值。

（4）欧莱雅公司不仅提供化妆品、护肤品等产品，还提供美容咨询、皮肤测试等服务。欧莱雅公司通过提供全套解决方案，帮助消费者更好地了解和使用产品，同时也提高了消费者的生活品质和美丽程度。

品牌对产品进行的好品质、好设计、好服务，只是产品时代的惯性思维。要想赢得新市场中的消费者，必须从产品竞争中升维，为品牌对消费者的交付增加更加丰富、多元的内涵。企业需要应对不断变化的市场需求，不能单纯依靠一套市场策略。

以无印良品为例，作为杂货品牌，无印良品的设计理念是"无印"，即追求简约、自然、环保，不追求华丽和烦琐。这种设计理念符合现代消费者对健康、环保、品质生活的追求。无印良品的产品线非常广泛，包括服装、家居、文具、食品等多个领域。所有产品都遵循简约、自然、环保的设计理念，并且注重细节和品质。无印良品采用了一系列的营销策略来吸引消费者。例如，通过与知名设计师合作推出限量版产品来吸引粉丝；通过与环保组织合作推广环保理念；通过举办线下活动来与消费者互动，提升品牌形象。无印良品的品牌形象简洁明了，以白色和灰色为主色调，强调品牌的简约和自然属性。此外，无印良品还通过广告宣传来强化品牌形象，例如，在广告中强调产品的品质和环保属性。无印良品注重用户体验，从产品材质到包装都十分用心。例如，无印良品的衣物大多采用有机棉、麻等环保面料，包装也采用可回收材料制成。

未来，品牌要想赢得年轻消费者的青睐，离不开转换角色，品牌不再单纯地销售商品，而是要成为生活方式解决方案的提供商。那么，要想做到这一点，具体要在哪些方面下功夫呢？

1. 了解消费者需求

品牌需要关注消费者的需求和痛点，通过市场调研、数据分析等方式深入了解消费者的生活方式、消费习惯、偏好和需求，从而为消费者提供更贴心、更实用的解决方案。

2. 提供多元化产品和服务

品牌需要根据消费者的不同需求和场景，提供多元化的产品和服务。例如，针对消费者的健康需求，品牌可以提供健康食品、健身器材等产品；针对消费者的出行需求，品牌可以提供出行工具、导航软件等产品和服务。

3. 优化用户体验

品牌需要关注消费者的使用体验，从产品设计、功能开发到售后服务等多个环节提高用户体验。例如，通过优化产品设计，提高产品的易用性和美观度；通过智能化、个性化的功能开发，提高产品的实用性和便捷性；通过优质的售后服务，提高消费者的满意度和忠诚度。

4. 引导消费者形成健康的生活方式

品牌不仅需要满足消费者的需求，还需要引导消费者形成健康的生活方式。例如，通过推出健康食品，引导消费者形成健康的饮食习惯；通过推出健身器材，引导消费者形成健康的运动习惯。

第六章
00后消费升级及品牌转型战略

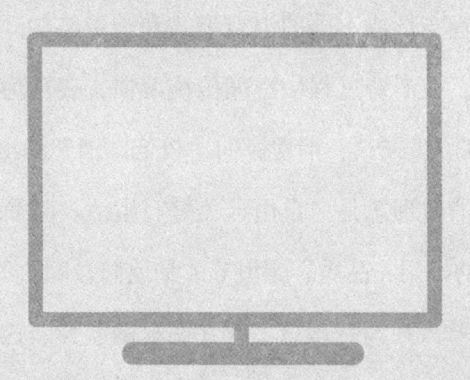

品牌要关注新生代消费理念的转变

"江山代有人才出,各领风骚数百年",当下,新消费品牌无疑正处于这样的一个时代,各类新消费品牌和产品层出不穷。各种消费理念也在不断碰撞,品牌需要进行战略转型才能更好地适应市场、适应新生代消费者的需求。

品牌要不断研究消费者的消费理念,才能更好地匹配他们的需求。

消费理念是关于消费的本质、目的、内涵等要求的总体看法和根本观点,它决定着消费内容、消费行为、消费方式,即解决消费什么、如何消费等重大问题。在实际消费中,不同的消费理念将通过影响消费行为,带来不同的消费过程,形成不同的消费模式和消费结构。例如,持有传统消费理念的消费者,在消费过程中遵循传统习惯,表现为过分强调节俭,崇尚"收支相抵,略有节余",消费倾向比较低,消费的出发点在于满足基本生存需要。如果消费理念是"自由、美好、生活、时尚"等更加年轻态的需求,那么产品的好用、品质、颜值等才是他们强调的重点。

00后和老一辈人在消费理念上存在明显的差异。这些差异主要体现在以下五个方面。

(1) 00后更加注重享受和体验,而老一辈人更注重节俭和储蓄。00后更愿意在娱乐、旅游等方面投入更多的资金,而老一辈人则更注重日常开销和储蓄。

（2）00后更倾向于在线购物和消费，而老一辈人更喜欢传统的线下直接购买方式。00后更容易受到社交媒体和在线商业的影响，更愿意在网上购买商品和服务。

（3）00后更喜欢使用现代支付方式，如移动支付和电子支付，而老一辈人更喜欢使用传统的现金支付方式。

（4）00后更注重消费的体验和快乐，而老一辈人主要是为了满足家庭和个人的基本需求和生活质量而消费。

（5）00后的消费理念转变在于买产品的时候，不是为了实用而是为了好用，所以，品牌要做的产品是新奇特、好玩的产品。他们愿意买那些新外观、新设计、新包装、新功能的产品及新材质、新概念的产品。

符合新生代消费理念的产品现在随处可见，例如：

（1）零度可乐，可口可乐公司推出的零度可乐是一种无糖、低热量的饮料，通过使用阿斯巴甜等甜味剂来提供甜味，适合减肥或控制热量摄入的人群。

（2）碱性水，一种宣称可以调节人体酸碱平衡的水，通过将普通自来水浸泡在碱性材料中制成。但是，目前没有足够的科学证据证明碱性水对人体有益。

（3）每日坚果，将多种坚果混合在一起，每袋包含一定比例的坚果，方便消费者随时食用。这种产品概念的创新使得每日坚果成为一种流行的健康零食。

（4）树上木屋，一种建在树上的小屋，可以提供独特的住宿体验，适合户外探险和露营爱好者。

（5）音乐御梨，一种结合了音乐和梨子元素的创意产品，将梨子与音乐结合在一起，为消费者带来独特的味觉和听觉体验。

所以，未来的品牌发展首要解决的问题是研究新生代的消费理念，在这个基础上把产品向新奇特方向发展，才能真正赢得00后这一代消费者的青睐。

品牌年轻化将成趋势

00后逐渐成为消费主力，他们代表着未来的消费市场，因此争夺00后的市场将成为品牌的主战场。从"走近"年轻人到"走进"年轻人，品牌年轻化将成为趋势。

品牌年轻化是指品牌为了适应年轻化消费趋势，通过重新定位和塑造品牌形象，以及采用年轻化的营销策略，来吸引年轻消费者的一种品牌策略。

品牌年轻化的核心在于重新获得品牌资产来源，即通过"寻根"的方式重新捕捉失去的品牌资产，包括品牌忠诚、溢价和品牌延伸的良好环境等。同时，品牌年轻化也注重提高信息处理、增加购买决策的信心和满意度，以及贴近年轻人的喜好和注重与年轻人线上线下的互动。

品牌年轻化的方式可以多种多样，其中先进的技术、时尚的设计和社交媒体营销，是最为流行的年轻化推广方法。这样可以增加消费者对品牌的好感，提高品牌在年轻群体中的市场份额。

例如，大白兔奶糖这个传统的中华老字号品牌，竟然也成了"网红"

品牌，玩儿起了跨界、合作和联名的年轻化营销之路。

其中最著名的案例之一是与时尚品牌COACH的合作。2018年，大白兔奶糖与COACH合作推出了一款限量版的联名手袋。这款手袋的外观采用了大白兔奶糖的经典包装设计，结合了COACH的经典皮革元素，深受消费者喜爱。此外，双方还推出了一系列限量版的周边产品，如T恤、围巾、帽子等，都受到了广泛的关注和追捧。除COACH外，大白兔奶糖还与其他品牌进行过跨界合作。比如，2019年与太平鸟旗下品牌乐町推出联名款服装，以及与施华洛世奇合作推出限量版首饰等。这些合作都为大白兔奶糖带来了更多的年轻消费者，提升了品牌在市场上的竞争力。大白兔还与美加净合作，推出大白兔润唇膏。与太平洋咖啡合作，推出三款全新饮品，分别是大白兔牛奶其乐冰、咖玛素娜大白兔拿铁和大白兔咖啡其乐冰。这样的碰撞无疑吸引了大批年轻消费者的关注。大白兔品牌在营销上不拘一格，一直以来都非常重视创新思维，在定位清晰的同时，更懂得洞察年轻用户心理，每一次改变都深得用户喜爱。大白兔已经不再只是70后、80后的童年回忆，而是吸引了大批90后、00后的年轻粉丝。

品牌年轻化还表现在配合新技术，利用VR、游戏、全息投影等方式，从互动到感觉全方位展示一个炫酷的品牌形象，从而拉近品牌与消费者之间的距离。例如，M·A·C与《王者荣耀》：合作推出口红，因为《王者荣耀》拥有大量的年轻用户，而M·A·C的用户群体同样是18～24岁的年轻用户。这种合作方式将品牌与游戏相结合，增加了年轻用户对品牌的关注度。

品牌如何实现年轻化的转型呢？以下是一些建议。

1. 了解年轻消费者

了解年轻消费者的需求、兴趣、喜好和消费习惯是品牌年轻化转型的关键。品牌需要深入挖掘年轻消费者的数据，并以此为依据制定相应的营销策略。

2. 改变品牌形象

品牌形象是消费者对品牌的第一印象。品牌需要改变原有的形象，变得更加年轻、时尚、有活力，以吸引年轻消费者的关注。

3. 创新产品和服务

年轻消费者对于产品的需求不仅是功能上的满足，还需要在品质、设计、包装等方面有更好的体验。品牌需要不断创新产品和服务，以满足年轻消费者的需求。

4. 运用社交媒体

社交媒体是年轻消费者获取信息和交流的重要平台。品牌需要运用社交媒体进行营销，与年轻消费者进行互动和沟通，提高品牌知名度和美誉度。

5. 合作与跨界

合作与跨界可以帮助品牌拓展渠道和资源，增加品牌的影响力和竞争力。品牌可以选择与同行业或不同行业的合作伙伴进行跨界合作，推出新产品和服务，吸引更多年轻消费者的关注。

6. 培养团队

品牌年轻化转型需要有一个年轻化、有创意、有执行力的团队来支持。品牌需要培养一支高素质的团队，为品牌年轻化转型提供强有力的保障。

抓住数字化浪潮，打造品牌数字化

数字化浪潮指的是以大数据、人工智能、云计算等技术为代表的技术浪潮带来的大规模信息处理能力的应用和发展。这种技术浪潮改变了传统行业的发展模式，也影响了企业的商业模式和竞争格局。在数字化浪潮的推动下，企业需要适应新的市场环境，掌握数字化技术，以更好地满足消费者的需求，提升市场竞争力。

00后消费者是数字化时代的"原住民"，他们从小就接触各种数字化设备和网络，对数字化生活有着高度的适应性和依赖性。他们习惯于通过手机、电脑等设备进行购物、社交、娱乐等各种活动。

当下，数字化浪潮已经汹涌而来，无论是消费互联网还是产业互联网都在深刻地改变着这个行业。从不起眼的街边小馆，到CBD的美妆奢侈品门店，大家都需要有数字化的思维。在大数据和科技发展时代，有两个重要信号需要品牌重视：一是当下市场环境中，一个品牌没有电商渠道、没有社交内容、没有线上服务，可以等同于没有品牌；二是消费者体验路径正在逐渐"数字化"，从了解品牌、购买产品到后期的一系列保障，线上渠道都有品牌与消费者连接的痛点。

移动支付是数字化赋能消费的重要一环，消费者可以通过手机等移动设备完成支付，不再需要亲自到实体店铺购买商品。这大大提高了购物的便捷性和效率。电子商务使得消费者可以在家中通过手机或电脑购买任何他们所需要的商品，提供了更为方便的购物体验。同时，数字化技术还让商品的价格透明化，消费者可以通过比价网站等手段，找到最优惠的商品。企业通过收集和分析客户数据，了解消费者的需求和偏好，从而为消费者提供更加精准的产品和服务。例如，老字号便利店、7-11、全家等，具有强大的客户数据收集和正确分析能力，通过高效管理经营数据，紧跟消费者需求的变化，在商品不断创新的过程中保持低库存，同时与先进的物流系统、店铺和网络系统合作，降低供应链成本。这些都是数字化带来的优势。

品牌的数字化布局并不是只在某个平台开设一个社交账号，这样的账号只是为消费者提供服务的入口，需要结合消费者的具体诉求，去给出实实在在的回应。尤其是在这个注意力极度碎片化，流量进入存量期的后商业时代，大多数品牌都在探讨降本增效，希望每一笔投入都掷地有声，能收获确定性的增长。

所以，对于用户的触达和转化缺一不可。既要有电商模式，又要有平台模式，才能全方位去触达消费者，进而做到流量转化。

"电商+平台"模式是指电子商务企业通过建立一个平台，为卖家和买家提供交易、支付、物流等服务，实现商品的在线销售和交易的商业模式。这种模式可以让卖家和买家在同一个平台上进行交易，提高了交易效率和便利性，同时也为电商企业提供了更多的商业机会。

"电商+平台"模式具备很多优点。首先，提高了交易效率和便利性：卖家和买家可以在同一个平台上进行交易，不需要在不同的网站上寻找商品或买家，节省了时间和精力。其次，提供了更多的商业机会：电商企业可以通过平台模式为卖家提供更多的服务，如物流、支付、客服等，从而获得更多的收益。再次，降低了交易成本。平台模式可以通过规模效应降低交易成本，从而提高企业的盈利能力。最后，增强了品牌影响力。通过平台模式，电商企业可以为卖家提供更好的服务，从而提高品牌的影响力和知名度。

总之，"电商+平台"模式是一种有效的商业模式，可以为电商企业提供更多的商业机会和收益，同时也可以为卖家和买家提供更好的交易体验。

近年来，社交媒体平台电商化的案例越来越多，从2018年初，抖音平台上线了购物车、商品橱窗之类的商品导购功能；快手也早早地通过小黄车、快手小店等功能开始了电商化布局；微视和全民K歌也接入了平台；B站提供播放器框、直播间等"悬赏"流量入口……近一两年内，我们接触的大部分社交媒体平台纷纷开始了电商化，似乎"言及社交媒体，必谈电商变现"。"电商+平台"的社交媒体搭建将成为常态。

除了线上全面布局之外，线下实体营销也不能忽视。线上线下联合营销可以是品牌自己的线上与线下融合，也可以是异业合作。例如，百事和饿了么打造的"百事龙虾节"，营销的目的是实现品效合一，强化百事可乐的产品形象，提升百事品牌知名度与曝光率。通过策划品牌营销活动吸引消费者从线上转为线下体验购买，促进销售转化。首先在6月前期为百事品牌进行线上预热，以"龙虾节"为话题点，借势营销。从线上连接粉丝，到线下体验互动，提升消费者好感度，加大百事品牌的直观感受，具化百事品牌形象。活动初期进行了前期铺垫预热，在微信朋友圈及官方公众号发起"小龙虾，你最爱什么口味？"的线上投票活动刷爆朋友圈。凡是参与投票的人，都有机会赢取龙虾券，全场龙虾免费吃。同时，饿了么平台开展了为期三天的广告强制曝光,精准锁定目标受众,打造立体感和观赏性都具备的视觉冲击体验。最后,百事和饿了么联合发布,设计百事超级品牌日,结合网红探店直播的形式,为线上用户同步发布,结合百事生活态度场景的打造,将百事产品以态度海报的形式进行传播输出,促进商家、顾客、网友粉丝的多向互动,实力圈粉年轻消费群体,进一步实现用户导流和购买转化。在直播过程中,万元锦鲤红包不定时发放,限量版明星签名照及周边赠送等。随后抖音、快手、小红书等平台结合传播,将龙虾节打造为全网事件,广泛吸引关注,实现品牌强势曝光,品牌声量持续扩大。

每个品牌数字化所处的阶段不同,选择的策略也不同。不论处于哪个阶段,有三个问题绝对不能忽视。

1. 品牌的未来主战场一定脱离不了数字经济

人人都在用手机的年代是消费路径的改变,不管是线上还是线下,数字化入口都必不可少。数字经济会助力实体经济,品牌要去打造自己的全域新官网,这是所有品牌都应该关注的基础。

2. 品牌要有核心主场和阵地

品牌数字化并不是在某一个平台或多个平台去开设社交账号,而是在更契合自己的生态中去建立一个核心阵地。这个阵地应该是成体系的、完善的,不仅要有连接消费者的入口,也需要能承接后续的购买、售后服务等。

3. 实现数字化运营

数字化之所以具有优势,在于数据回收、用户留置,所以它天然具有更大的确定性,很多传播的效果比线下活动要直观很多。品牌需要用更科学的决策,与用户建立更长期的亲密关系。让消费者能以更直观、更高效的方式,收获更多的体验价值。

品牌情绪释放与个性化认同

在寻找 00 后消费群体认可上，传统品牌的升级方向，无外乎两个关键：一是感观层面的情绪释放，一是形象代言人方面的个性化认同。

品牌的情绪释放是指通过品牌传播和营销策略，将品牌所代表的情感和情绪传递给消费者，从而影响消费者的情感和购买决策。品牌的情绪释放可以通过不同的方式来实现，如广告、公关活动、社交媒体等。

在广告中，品牌可以通过创意和视觉元素来表达品牌的情感和情绪，如温暖、快乐、自信等。例如，乐乐茶的首支品牌宣传片《我的快乐，就在此刻》就通过解构焦虑、反思困境等情感共鸣，让观众产生情感共鸣，从而释放品牌的情绪。

在公关活动中，品牌可以通过事件营销、公益活动等方式来传递品牌的情感和情绪。例如，资生堂 × GQ 实验室发布的创意十足的《红了！》就是通过一场快闪活动，将品牌的自信、大胆的情感传递给消费者。

在社交媒体中，品牌可以通过与消费者的互动、内容营销等方式来表达品牌的情感和情绪。例如，可口可乐的"快乐工厂"活动就是通过让消费者参观工厂，体验可乐的生产过程，从而传递品牌的快乐情感。

除了以上互动的情绪释放，品牌年轻化最直接让消费者有所感知的环节是品牌的 logo。作为品牌面向大众的符号，视觉方面的冲击和引导，是在消费群体认知中形成品牌记忆点的关键。logo 的变化过程，也正是品牌方引导目标消费群体，进行情绪释放的过程。

例如，星巴克的 logo 经历了以下变化。

1971 年，星巴克的棕色 logo 由西雅图设计师 Terry Heckler 设计，灵感来自一幅 16 世纪斯堪的纳维亚的双尾美人鱼木雕图案。这个 logo 中美人鱼赤裸，有双尾。

1987 年，星巴克更换了第二版 logo，美人鱼不再赤身裸体，而用头发遮挡，标志性的双鱼尾也变得越来越不明显。

20 世纪 90 年代，logo 更改都是在去除多余的元素，比如，去掉了双腿般的鱼尾，这也是现在版本的最大进步。

2011 年，星巴克更改了 logo 设计，将老商标中原本环绕在圆形海妖图标以外的外圈拿掉，并去掉原本位于内圈和外圈之间的"Starbucks Coffee"字样。

星巴克 logo 脸部的变化也一直在演变。比如，为了使面部更加立体，设计师将整个形象面部的右侧相比左侧增加了一些阴影。除了星巴克品牌业务改革后，甜点、面包等服务也加入战略体系，更主要的还是遵循年轻人的审美，释放"自由"，"不被定义"此类的情绪。

星巴克 logo 的变化主要在于细节的调整和优化，以更好地适应时代和消费者的需求。

除了感官层面的情绪释放，在代言人形象方面，也需要符合 00 后消费者的个性化认同。

00 后对代言人形象的个性化认同是指 00 后消费者在选择代言人时，更倾向于选择与自己个性相符合、形象独特的代言人，而不是传统意义上的明星或名人。

00后消费者成长于数字化时代，他们更加注重个性表达和自我展示，对于产品和品牌的认知也更加独立和自主。因此，他们在选择代言人时，更看重代言人的个性特点和形象是否与自己相符合。

具体来说，00后消费者更喜欢那些与自己有着相似价值观、生活态度和兴趣爱好的代言人。这些代言人通常是在社交媒体或其他数字化平台上活跃的"意见领袖"或"网红"，他们通过自己的生活方式、品位和态度来影响和吸引00后消费者。

此外，00后消费者也更加注重代言人的专业性和真实性。他们更喜欢那些真正了解产品、对产品有真实体验和评价的代言人，而不是单纯地为了商业合作而进行虚假宣传或推销。

例如，卫生巾品牌Free飞选择张子枫作为代言人是一个成功的案例。张子枫作为一位年轻、有活力和影响力的演员，在年轻人中有着广泛的影响力和号召力。她的形象和Free飞品牌的产品定位非常符合，能够很好地传递Free飞品牌的理念和特点。通过张子枫的代言，Free飞品牌得以扩大其知名度和影响力，吸引更多的年轻消费者关注和购买其产品。同时，张子枫的粉丝效应和口碑也为Free飞品牌带来了更多的曝光和认可。这种合作对于双方都是有益的，张子枫通过代言提升了自身的影响力，Free飞品牌也通过张子枫的代言获得了更多的关注和市场份额。

品牌选择年轻人喜欢的代言人是非常重要的。年轻人是消费市场的主要力量，他们对于产品和品牌的认知和选择往往受到他们所喜欢的代言人的影响。因此，选择与年轻人有共鸣、能够代表品牌形象的代言人可以更好地吸引年轻消费者的关注，提高购买率。

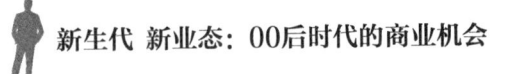

年轻人喜欢的代言人通常是流行歌手、演员、模特等具有较高知名度和影响力的公众人物。这些代言人可以通过广告、社交媒体等渠道传递品牌形象和产品特点，吸引年轻消费者的关注和购买。同时，这些代言人的个人形象和风格也会对品牌形象产生影响，因此品牌在选择代言人时需要考虑代言人的形象和品牌形象是否相符的问题。

除了公众人物，一些"草根网红"、博主等也可以成为品牌的代言人。这些"草根"代言人通常在社交媒体上有一定的影响力和号召力，能够通过自己的生活方式、品位和态度来影响年轻消费者的购买决策。这些"草根"代言人的个人形象和品牌形象更加贴近，更容易获得年轻消费者的认可和信任。

品牌与新生代的关系从管控走向连接

随着数字化时代的到来，新生代消费者越来越注重个性化和自主性，对于品牌的选择也更加独立和自主。因此，品牌需要从传统的管控模式向更加开放的连接模式转变，以更好地与新生代消费者建立关系。

在管控模式下，品牌通常采用传统广告、促销等方式来传递品牌形象和产品特点，试图通过强制性的宣传来影响消费者的购买决策。然而，这种模式往往会引起消费者的反感和抵触，效果并不理想。

而在连接模式下，品牌通过与消费者进行互动、提供个性化的产品和服务等方式来建立关系。品牌不再是单向地传递信息，而是与消费者进行双向的交流和沟通。通过与消费者的互动，品牌可以更好地了解消费者的需求和偏好，提供更加个性化的产品和服务，从而赢得消费者的信任和忠诚。

例如，一些品牌通过社交媒体平台与消费者进行互动，听取消费者的反馈和建议，不断改进产品和服务。还有一些品牌通过数据分析和挖掘来了解消费者的购买行为和偏好，提供个性化的推荐和定制服务。这些连接方式可以让品牌更好地与新生代消费者建立联系，提升品牌知名度和忠诚度。

那种"基于品质消费时代"已经过去，现在消费者买的是"可有可无"的东西，这种消费升级如果没有深度的品牌与消费者连接，很难让消费者对你的品牌产生兴趣。因为他们不再为刚需买单，只为开心和"我喜欢"买单。87%的消费者希望和品牌有密切联系，但只有7%的品牌做到了。如果品牌没有和平台构建关联，没有指向消费者，没有持续动作，这个品牌就是不可持续的。一些好的品牌深知与消费者建立连接的重要性，所以，他们往往会朝着这个方向发力。例如：

（1）运动品牌森马，作为中国服装行业的"资深企业"，森马自创立以来已经走过了25年。它一直保持着对年轻消费者的深度理解和快速执行能力，从而保持了数十年如一日的稳定发展。这使得森马的消费者群体一直保持在18～29岁，深受年轻人的喜爱。

（2）GUCCI与FARFETCH电商平台合作，推出GUCCI F90送货上门服务。消费者可以通过FARFETCH购买GUCCI精选产品，下单成功后，FARFETCH会从GUCCI实体店调货，配置专属骑手，在90分钟内送货到家。这种快速、便捷的购物体验，让消费者享受到了更好的服务。

（3）LOUIS VUITTON 在 2020 年底推出了胶囊旅行商店"LOUIS VUITTON by Appointment"，把 LOUIS VUITTON 的世界带到客户家中，为每一位客户量身定制各类产品。这种个性化的服务模式，让消费者体验到了更加专属和高端的购物体验。

（4）荣宅化身为"意趣花园"，推出限时店及沉浸式零售空间，消费者通过园艺、花艺、露营、咖啡及鸡尾酒等课堂，体验与户外连接的生活方式，感受别具一格的购物体验。这种体验式的零售模式，让消费者不仅仅是完成一次购物，更是体验一种生活方式。

近几年很多品牌开始打造"私域流量池"，就是一种品牌和消费者的连接状态。给私域流量池下一个定义，那么首先它应该是一个属于企业的客户池；其次，这些客户需要符合以下三个核心要素。

（1）实时在线。如果客户不是实时在线的，则意味着这是个"死流量"，无法触达，更谈不上转化了。

（2）实时可触达。只有通过触达，企业才能将营销内容传递给客户。

（3）可成交。因为营销最终的目的就是成交。

据统计，麦当劳有 8000 多万私域用户，这才是麦当劳变现的核心，非常值得线下门店去模仿，从用户进店到用什么方式把用户变成你的私域流量，这是所有做私域的门店都要考虑的事情。

麦当劳的私域流量是所有企业里边做得最全面的，麦当劳通过一系列的布局让用户转向他的小程序 App 或者社群。从用户进门那一刻，他已经设好了所有的局，等着你进入他的社群，你在推门那一瞬间，玻璃门上就有宣传海报介绍你加入小程序会有优惠，下载 App 的优惠，等你走到自助点餐机的位置上面会有个 KT 板，还会有现场工作人员推荐或介绍让你去主页上下单有优惠；即使你放弃了，选择去人工台点餐，你点餐的过程中也会有店员给你介绍使用小程序或者在 App 点餐的福利，甚至头顶上还会有一个横幅，加入福利社区有哪些优惠；等你在取餐的过程中，店员会继续给你介绍，下完单去吃饭的时候桌子上还会有小程序或者下载 App 的活动，麦当劳在每一个环节都在把进店的消费者引向他的私域社群。

这种布局就非常值得线下门店学习，一旦进入麦当劳的私域流量池，就升级成了运营的主要目标，比如，App 里的很多链接点进去的都会有活动推荐福利相册，不论是新加入的会员还是老会员，都会有单独的页面，总之，每一步都会告诉你有福利价格很适合，然后转换成变现的途径。

值得注意的是麦当劳私域流量还有两个非常亮眼的点：第一，它的设计让消费者感觉占了很大便宜，就是从周一到周日每天都有福利，周五也有单独的品牌；第二，它的会员制，卖的会员卡也很新鲜，会给消费者一个身份的归属感，有早餐卡、外卖卡、家庭卡，几乎每个场景麦当劳都替消费者考虑到了，开卡的费用也比较低，基本上消费一两单就可以有资格开卡，所以说很值得用户去体验。

麦当劳通过这种方法吸纳了会员，打造了自己专属的"私域流量池"，这样会让自己的运营更有层次感，也让消费者体验到了实实在在的连接，变现也就理所当然了。

就像《小王子》一书中说的那样："世上有千千万万朵玫瑰，但他们都不是你的玫瑰，只有你星球上的那朵才与你有了连接，成为你独一无二的玫瑰"。品牌和消费者也是如此，你必须拥有属于你自己的客户，用心去维护他们，和他们产生连接，才能产生后续的一切可能。

品牌从功能消费向情感消费转变

在产品竞争日益激烈的今天,商家为了聚集消费者而打通的营销渠道五花八门,如直播带货、洗脑广告、段子营销。品牌营销从功能消费向情感消费转变已不是新鲜事。例如,以情感营销声名大噪的江小白,每一次文案推广都是推陈出新、别出心裁,比如,"孤独不在山上而在街上,不在房间里而在人群里""最想说的话在眼睛里,草稿箱里,梦里和酒里"。每一句都将当年代年轻人隐藏起的小情绪直截了当地表达出来,甚至很多人购买江小白,只是为了拍这些走心文案发到朋友圈表达自己的心境。再如,被一众老板歌颂的褚橙"励志橙",源于其被赋予了褚时健大起大落的人生经历和百折不挠的拼搏精神。而温情,也是当下众多企业偏爱的主题元素,将品牌融入平凡生活中的点滴故事,既能展现其细致入微的服务,又能引起消费者共鸣,拉近彼此距离。

在互联网营销时代,品牌可以借助大数据完成精准触达,但是要想将传播内容渗透至目标用户心智,获得他们的认同,就没有那么简单了。一方面,如果广告过于密集轰炸,会使用户产生视觉疲劳,往往会选择关闭广告推送。另一方面,如今的消费者除了关注产品功能之外,更关注产品能否带来情感共鸣和精神慰藉。品牌想要打动用户,必须挖掘产品功能之外的情感触点,让用户发自内心地认同品牌所传递的价值观。

如果产品的广告只停留在单纯介绍产品功能的层面,那么,在年青一代的消费者眼里看起来就是太low了,太没有内涵了。同样是打广告,美团优选通过讲一则温暖的故事,让人人都记住了。

美团优选的"明天一定到"案例是一个非常感人的广告,它讲述了一个母亲为了给女儿补身体而购买食材的故事。

故事中,母女二人的对话框中,母亲为女儿做手术却没有告诉她而心急如焚。得知消息后的母亲想要赶往女儿身边,带着活鸡、鲜鱼……希望把一切可以补身体的东西带给女儿。但是乘大巴禁带活鸡,再加上方言沟通不畅等问题,让母亲的探望之路困难重重。最终,母亲成功找到明日达超市,取到还在扑腾的黑鱼,拎着那只被一路呵护的鸡来到女儿面前。女儿见到执意前来的母亲,惊讶又心疼,母亲则看着女儿的伤口沉默无言。画面的最后,女儿吃着母亲做的饭,母亲看着一脸幸福的女儿。此时,二人的心中都是满足的。

这个广告通过母爱的故事情节、镜头语言的叙事以及剪辑的艺术,刻画了一个平凡母亲的形象,并把广告片拍出电影感,制作方面非常成功。能引起观众共鸣的作品确实是好作品。巧妙的是,美团优选将承诺的"明日达"与妈妈承诺的"明天一定到"绑定在一起,既建立了双向奔赴的关系,又上升了品牌"温度",让用户认为品牌的承诺就跟母爱一样坚定可靠。短片一经播出,即在哔哩哔哩获得了百万的播放量,同时冲上了全站排行榜第七,吸引了大量的观众转发,在赚足了观众眼泪的同时,成功收获了消费者的好感,为品牌圈了一波粉。

产品从"功能消费"向"情感消费"转变是一种趋势,这种转变反映了消费者对于产品或服务的需求已经从基本的实用性逐渐向更高层次的情感体验和心理满足转变。

消费者越来越重视产品或服务的情感价值，他们更关注产品或服务是否能带来情感上的满足和愉悦。对于很多消费者来说，购买一个产品或服务不仅仅是为了获得其功能性的效益，更是为了获得一种情感上的体验和满足。

在年轻化消费者占据时代主流的趋势下，品牌不能再孤芳自赏，而是要主动在消费者的情感诉求和自身的品牌价值之间寻找一个恰当的平衡点，由情感共鸣转化到产品认可，使双方的所思、所想、所求达到一致。将情感价值的需要与产品的功能价值相结合，以提供更全面、更有意义的产品和服务。在满足客户的真正需求之外，赢得他们的信任与支持。

Credit Karma 的新调查结果表明，年轻消费者的购物行为是由情绪驱动的，而不是逻辑驱动的，超过 1/3 的"Z 世代"受访者表示他们的情绪支出"失控"。

据 Credit Karma 的研究人员称，情感消费，如报复性购物，在疫情期间变得尤为普遍，他们认为焦虑和不确定性会使消费者变得无聊。随着全球经济衰退，众多公司裁员，消费者的购物情绪比以往任何时候都高涨。

花钱应对情感高涨和低谷的人被定义为情感消费者，这种现象在"Z 世代"（58%）和"千禧一代"（52%）中最为突出。

为什么情感营销会得到消费者的喜欢？马斯洛理论曾告诉我们，人的需求分为功能性需求和精神需求，其中归属感和爱是人类必不可缺的精神需求，也是精神需求中相对更容易达到的需求。所以聪明的品牌会在考虑视频营销方式的时候，采用加入"情感元素"这张王牌，以达到让品牌迅速传播的目的。

身处情感消费时代，消费行为从理性转向感性，简单粗暴的营销内容已经不能吸引用户的注意力。而那些重视用户情感需求，真正走心的情感营销才能更好地让用户感知到产品功能之外的价值，在脑海中形成长久的记忆。

针对00后打造品牌"符号化"

品牌"符号化"是指将品牌转化为一种特定的符号或符号组合，如品牌名称、标志、基本色、口号、象征物、代言人、包装等，这些识别元素形成一个有机结构，对消费者施加影响。品牌符号化是品牌传播的核心动力，一个可以让人记住并且印象深刻的品牌，必定有一个或多个记忆点来刺激感知系统，可能是视觉、听觉、触觉甚至是嗅觉和味觉。

品牌符号化不只是logo那么简单，它还包括品牌价值观的浓缩，是消费者对某一特定品牌的印象。比如，彪马给人留下的印象是"年轻""有活力"，香奈儿给人留下的印象是"精致""优雅"，阿玛尼给人留下的印象是"精英""品质"。这些品牌符号会带来相关的联想效应，大众对于这些品牌的爱好者也具备特定的评价，这些其实就是品牌符号化的一种表现。

美国学者J.伯德利亚尔指出，现代社会的消费实际上已经超出实际需求的满足，变成了符号化的物品，符号化的服务中所蕴含的消费。在这种品牌消费中，以往的理性消费被品牌崇拜般的感性消费所代替，消费者如同宗教信仰一般对品牌进行符号崇拜。

那些让消费者耳熟能详的国际品牌，无不是打造品牌"符号化"的高手。例如：

（1）Apple：苹果公司是品牌符号化的典范。它的品牌符号——咬过一口的苹果，简洁而具有辨识度。它代表了创新、简洁、时尚和高质量的产品。此外，苹果公司还通过其口号"Think Different"和"One more thing……"等标语，以及独特的苹果标志音，进一步强化了其品牌符号。

（2）Coca-Cola：可口可乐是另一个品牌符号化的典型例子。其波浪形状的logo和独特的红色调，加上"享受可口可乐"的口号，使消费者无论在何处都能轻松识别出这个品牌。此外，可口可乐的圣诞广告和北极熊广告也为其品牌符号注入了更多的情感和故事。

（3）STARBUCKS：星巴克的品牌符号包括其独特的绿色logo和象征社区、温暖、舒适的第一杯咖啡标志。其品牌口号"为你的一天增添一份美好"和"第三空间"的理念也进一步强化了其品牌符号。

（4）NIKE：耐克的"勾勾"标志和"Just Do It"口号是全球闻名的品牌符号。这些符号代表了力量、自信和运动的精神。

（5）Mercedes-Benz：梅赛德斯-奔驰的品牌符号是一个简洁的三叉星标志，代表着豪华、高质量和卓越的性能。其口号"The Best or Nothing"也进一步强化了这个品牌符号。

品牌打造"符号化"也有迹可循。

第一步，代表用户，引导你的粉丝去站队，你才有号召力。比如，早期的小米手机，他们想出来的假想敌是"高价手机"，于是喊出打造"发烧级"手机的口号，瞬间获得一众粉丝；淘宝网的口号是"低租金、低成本的生意方式"，试图让每个人都能体验到"天下没有难做的生意"。

第二步，创立符号。符号既包括一个品牌的logo，又不限于logo，而是具有识别性，并且包含丰富的信息。当看到被咬了一口的苹果就能让人想到苹果的产品，一个天使标志的车符号能让人知道是高贵的劳斯莱斯。符号不但具有识别性，还有召唤力。

第三步，为品牌树立精神领袖。每一个品牌都有自己的精神领袖，新东方教育集团创始人俞敏鸿、格力空调品牌董明珠、苹果的领头人乔布斯，华为的"一把手"任正非，他们无一例外富有传奇色彩的人生经历和人格魅力为品牌聚集了一大批忠实的粉丝。

第四步，裂变布道者。诸如那些忠诚的"米粉""果粉"，他们都是品牌培养起来的"传教士"角色，他们会积极向周围的朋友宣扬自己所忠诚品牌的优点，积极地为品牌拉入更多粉丝。由此，维护好自己的私域流量至关重要。

很多品牌的新用户中，可能有很多是间接或直接来自朋友的推荐或介绍，一个经转介绍而产生的客户，通常会比大多数以其他方式争取来的客户花更多的钱、买更多的货，让你赚更多的钱。这种转介绍并不难取得，转介绍会带来下一次的新转介绍，并可以不断地裂变。

大部分的商家都花了不少时间和精力在广告上，其实只要花一小部分时间和金钱，开发一个转介绍模式，效果可能会好很多。

第五步，打造一个人人可传播的广告语。一个品牌的广告语就是向外界传达的信条，也能够代表用户的利益诉求，你要说出来，让更多人加入你、拥护你。所以，在打造品牌的时候，需要思考，你如何把这些利益诉求作为一个口号、一个信条，让你的粉丝群体可以快速地向你靠拢。

品牌要和年轻人"反着玩"

品牌要和年轻人"反着玩"是一种有效的营销策略。年轻人是市场上的重要消费群体,他们有着独特的消费观念和行为习惯。通过与年轻人反着玩,品牌可以吸引他们的注意力,增加品牌知名度和认可度。

"反着玩"可以是反常规、反传统、反潮流,也可以是逆向思维、反向操作。例如,一些品牌会选择在年轻人中流行的社交媒体平台上进行营销,发布一些有趣、有创意、有话题性的内容,吸引年轻人的关注和讨论。此外,一些品牌还会选择与年轻人喜欢的明星、"意见领袖"合作,通过他们的影响力和号召力来吸引年轻人的关注和支持。

当然,"反着玩"并不是一种一成不变的策略,它需要根据不同的品牌和目标受众进行调整和优化。品牌需要根据年轻人的兴趣爱好、价值观和生活方式等因素进行深入调查、探索和分析,从而制定出更加精准和有效的营销策略。同时,品牌也需要不断尝试新的玩法和创意,保持与年轻人的互动和沟通,从而建立更加紧密的联系。

在信息爆炸的互联网时代,品牌想要吸引年轻人的注意力,扩大品牌曝光度,仅靠常规化的产品和内容是远远不够的。不如试着和年轻人"反着玩"。

具体有哪些"反着玩"的套路呢?

1. 改变常规

很多年轻人在买东西的时候会货比三家，不是必需品的话不买，如果这些产品的外观、包装、规格等都反常规，变得与众不同的时候，对他们会产生一定冲击力，不论是为了尝试新鲜还是冲动拿下，不免都会让他们去买单。例如，茅台冰淇淋是一个将茅台酒与冰淇淋融合在一起的案例。茅台集团通过推出这一新业务，成功地吸引了年轻人的关注和购买。将茅台酒与冰淇淋结合在一起，是一个非常具有创新性的想法，也是一个打破常规的营销手段。这种创新性的产品，很容易引起年轻人的注意，并激发他们的购买欲望。茅台冰淇淋具有很强的社交属性，成为年轻人之间的一种社交货币。在社交媒体上，很多人会分享自己品尝茅台冰淇淋的照片和体验，这种口碑传播效应，进一步提高了茅台冰淇淋的知名度和销量。茅台冰淇淋的研发团队经过多次试验，最终调配出了一个可以完美将茅台的酱香和果味、茶味、奶味相融合的冰淇淋配方。这种高品质的产品，很容易获得消费者的认可和好评。

2. 主打"反差"

如果品牌只是追求满足消费者预期，已经无法真正打动消费者，因为所有的品牌都能做到这个地步。如果你提供的和传达的是远远超出消费者预期的，或与预期截然相反的产品或内容，则更有利于引发相关话题的传播。例如，Airbnb 与美国国家航空航天局合作，推出了一项名为"睡在太空"的活动。消费者可以在 Airbnb 上预订一次在 NASA 太空站睡觉的机会，同时还能得到 NASA 宇航员的指导和讲解。这一活动不仅吸引了大量消费者的关注，还提高了 Airbnb 的品牌形象和知名度。

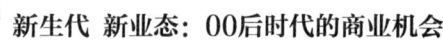

3. 和别人"对着干"

不论是"模仿"还是"超越",带来的产品和内容总是会趋同,很容易让人审美疲劳。如果尝试着去做一个和别人"对着干"的事情,反其道而行之,则更容易获得消费者认同,获得持续的流量。例如,瑞幸咖啡就是一个案例,星巴克有绿色,他就用蓝色,星巴克打造高端咖啡形象,瑞幸打造平价形象。星巴克注重提供高品质的咖啡和独特的消费体验,通过营造温馨的氛围和推出会员计划等方式,吸引消费者;而瑞幸咖啡则更注重便捷性和性价比,通过线上订购和快速配送等方式,提供更加便捷的咖啡消费体验。两家公司的策略各有优劣,但都获得了不少消费者的青睐。

耐克和阿迪达斯是两个知名的运动品牌,在市场上面临激烈的竞争。然而,这两个品牌的营销策略也有所不同。耐克强调品牌的力量和运动精神,通过明星效应、广告轰炸等方式,使消费者对品牌产生情感共鸣。而阿迪达斯则更注重产品的功能性和科技含量,不断推出创新科技和设计理念,吸引运动爱好者。两家公司的策略各有特点,但都取得了良好的市场效果。

"反着玩"的前提是一定要让消费者觉得产品有料、内容有趣,而不是品牌"自嗨"的冒犯,更不是舍本逐末,为了打造猎奇而哗众取宠,却毫无实际意义的产品和服务。

第七章
00后新生代的创业偏好

新生代 新业态：00后时代的商业机会

00后偏爱创业还是按部就班工作？

随着00后逐步登上当下的市场舞台，关于他们的研究层出不穷。每一年高校毕业生达到上千万人，00后开始大规模地步入职场。如此代际交替，随着新生代们的闪亮登场，00后开始成为社会和职场的新生力量。

不同的时代决定了不同群体的特征，被冠以"佛系""卷王""躺平""反骨"等称号的00后，他们究竟关心的是什么？他们究竟是为了进入职场整顿职场还是也像80后、90后那样按部就班工作呢？

Just So Soul 研究院基于社交平台 Soul App 站内用户发起调研，共收回接近5000份真实有效的反馈。参与调研的00后覆盖了职场新人、应届毕业生、高校生等不同群体，他们对于什么是"好工作"给予了回应。在应届生中，有编制的稳定工作的占比为55.2%；创业和自由职业等可支配性更强的工作占比为53.01%；高级蓝领和新农人等专业性强的工作占比为31.33%；互联网等大厂的高薪工作占比为30.92%；手艺人/创意工作者等灵感型的工作占比为24.10%。

从报告的数据不难看出，00后并不迷恋大厂，甚至有不少人喜欢高级蓝领、新农人等职业。

对工作的评价和选择，是新一代对当下和未来的思考最为具象的表达。多元的择业观正在形成，年轻人都不再以单一的"成功模式"束缚自己，开始在不同的方向探索实现自我价值的新方式。虽然寻求稳定成为一种趋势，在实际选择毕业后方向时，也能够看到年轻人敢闯敢拼的冲劲。在就业（59.84%）、考公/考编（34.54%）、考研/继续深造（26.1%）等热门选项之外，创业也是年轻人的重要选择，特别是当新技术催生新风口，也带动了更多年轻人的关注，互联网、文创、新兴领域（人工智能/新能源等）成为00后应届生选择创业赛道TOP3。

所以，00后是否喜欢按部就班工作还是创业，这是一个非常主观的问题，不同的人会有不同的看法和选择。

一些00后可能更喜欢按部就班工作，因为这种工作方式相对稳定和安全，有固定的工资和较好的福利待遇，以及相对稳定的工作时间和工作强度。

另一些00后则可能更喜欢创业，因为这种工作方式可以带来更多的自由和成就感，同时也可以通过创业来实现自己的梦想和追求。创业也意味着可以拥有自己的事业和财产，有一定的财富积累和发展空间。

总之，00后的选择因人而异，不同的人会有不同的看法和选择。无论选择哪种方式，都需要认真考虑和评估自己的实际情况和能力，做出符合自己情况和需求的选择。

00后喜欢创业的原因可能有很多，以下是一些可能的解释。

（1）互联网的普及和信息技术的发展：随着互联网的普及和信息技术的发展，00后对互联网和数字技术更加熟悉和适应。他们更容易通过互联网获取信息、学习新知识和技能，同时也更容易通过互联网进行创业和创新。

（2）家庭和社会环境的影响：00后的家庭和社会环境相对更加开放和

支持子女创业。许多家庭鼓励孩子追求自己的梦想和创业，社会也提供了一些创业支持和资源，这为00后创业提供了更多的机会和动力。

（3）个人价值观和成长需求：00后更加注重个人价值观和成长需求，他们更希望通过自己的努力和创新来实现自己的梦想和价值。创业可以提供更多的机会和挑战，让他们充分发挥自己的才能和创新能力。

（4）创业成功的示范效应：一些成功的创业案例和创业者对00后产生了积极的影响，他们通过创业实现了自己的梦想和价值，这也激励了更多的00后选择创业。

00后创业不怕"吃苦"

有句话形容创业的00后，说他们是"创业这个'苦'00后排队吃"。因为他们从小天不怕地不怕，所以对于无数00后大学生而言，他们对于"创业"先入为主的思想也是新奇、好玩，而不是"吃苦"。00后创业对于轻体力活成为流行，低成本摆摊出现"人传人"现象。比如，大学生宿舍里摆美甲摊、咕卡摊的未来小老板，高考考场外卖吉利话谐音花束的大学生等，用他们的话说"没有钱走向你，只有你走向钱（前）"。作为新生代的他们，总能从犄角旮旯里翻腾出商机，开始积极地尝试创业。所以，对于他们还有一类标签关键字是"人均E人""啥都敢试"。

00后创业不怕吃苦的原因可能有多方面。

（1）00后创业者的成长背景和环境与前几代人不同，他们从小就接触各种新兴技术和创新事物，对创业和创新有着更高的热情和追求。这种积极的态度和激情让他们更加愿意付出努力和时间来创业。身为互联网"原住民"的他们，对消费趋势的反应异常灵敏。他们根本没有"脱不脱长衫"的包袱，却有使不完的鬼点子，迸发出创业的热情。

（2）00后创业者在创业过程中表现出了灵活的头脑和较强适应能力。他们能够快速适应市场变化和需求，不断调整自己的思路和策略，同时也能够灵活地利用各种资源来支持自己的创业项目。这种灵活的头脑和较强适应能力让他们在创业过程中能够更好地应对挑战和困难。他们同样具有异常惊人的行动力。就像摆摊创业，同样的事情扔给行动力弱的人，单就"把一大堆东西塞进推车和行李箱"，就让他们打了"退堂鼓"。但对于练摊的00后大学生，他们永远会带着清澈的笑容招揽客人，就算卖烤肠熏黑了手，都能一天发十几条社交网络。所以，说干就干的热情和"自己给自己充电"的精神，是00后创业不怕"吃苦"的显著标志。

（3）00后创业者也善于利用社交媒体和互联网来宣传和推广自己的产品或服务。他们能够通过各种渠道来吸引更多的关注和客户，同时也能够借助社交媒体来扩大自己的影响力和资源。这种宣传和推广能力让他们在创业过程中能够更好地打造自己的品牌和竞争力。在传统观念的理解中，创业需要金钱成本和心理成本，人们往往会瞻前顾后。但00后或许是因为本身没有家底，尝试门槛和试错成本更低，失败了无非再回到原点。尤其是互联网的创业多元化，给了他们不被世俗束缚的机会。

（4）00后创业者也注重团队合作和资源共享。他们能够与其他创业者、投资者和专业人士建立良好的合作关系，共同推动项目的发展和进步。这种团队合作和资源共享精神让他们在创业过程中能够更好地应对挑战和困难。00后的年轻人知道年轻人的需求,例如,他们意识到现代人压力越来越大,于是能够做一个桌面木鱼,一张卡牌放到屏幕上,随时解压,这就是一种知己又知彼的共同合作精神。

综上所述,00后创业不怕"吃苦"的原因在于他们的成长背景和环境、灵活的头脑和适应能力、宣传和推广能力以及团队合作和资源共享精神等多方面的因素。这些因素让他们在创业过程中能够更好地应对挑战和困难,同时也为他们的创业之路提供了更多的机会和支持。

对于00后的创业者来说,他们的创业不一定非要成功,反而是一种新的尝试。当网友还在羡慕00后"整顿职场"的勇气时,殊不知,这些朝气蓬勃、个性张扬、勇于创新的年轻人,早已成为创业大军中不可忽视的新生力量。《中国青年创业发展报告(2022)》的数据显示,青年创业呈现出年轻化、高学历、启动资金规模小的特征,近七成创业青年启动资金规模在10万元以下,并且在3年内开始盈利,多一半的返乡创业者是大学生。如果用一句话形容00后的创业者:他们有强烈的信念和目标,身上有一股冲劲和狠劲,拥有浓烈的创业者气质。

00后创业倾向电商和新兴产业

从青年创业的趋势来看,随着科技和数字经济的飞速发展,"数字化"已成为显著特征。移动互联网、人工智能等新兴领域成为创业的热门选择。尤其随着00后逐渐步入社会,更加灵活、开放、创新的他们,更能与新兴产业发展同频共振。

00后对新兴产业如人工智能、新能源等领域非常感兴趣，他们更愿意投入时间和精力去学习并从事这些领域。这种兴趣和热情是创业的重要动力。00后作为新一代的年轻人，更加开放和创新，更愿意尝试新事物。新兴产业提供了更多的创新机会和探索空间，这符合00后的特点。新兴产业是未来发展的趋势，具有巨大的市场潜力和发展前景。00后看到了这些机会，因此更倾向于在这些领域创业。技术和社交媒体在当今社会中扮演着重要角色。00后在这方面更加熟悉和适应，他们可以利用这些工具来推广自己的产品或服务，不断扩大市场份额。

对于00后而言，虽然初入社会，但是他们具备敢想敢干的精神，创新意识和创新能力强，对于新知识、新技术有强烈的求知欲望，善于运用互联网创业。当前新产业、新业态和新模式不断萌发，电子商务行业依然保持蓬勃发展的势头。电商行业吸引了众多青年创业者，成为很多"00后"首选的创业平台。以淘宝为例，其平台上已会聚了接近100万的"00后"创业者。

00后对消费趋势反应灵敏，有的人依靠天马行空的创意开辟出新的赛道，如"造梦人""自律者监督员"等。他们帮客户制订计划，按规定时间提醒客户完成待办事项，不仅让自己安身立命，也帮助了很多缺乏自律的人。以帮助客户达成诸如完成学业、健身瘦身等目标。这个职业不仅需要像"人形闹钟"一样发挥提醒功能，同时也提供一定的情感和情绪方面的疏导和陪伴。从业者通常使用手机等设备远程工作，因此非常灵活。再如，出生在义乌的某00后，是红糖产业的第四代传人，他在2020年开始在电商平台创业，三年来开了多个电商店铺，旺季月销20万元左右。

之所以00后把电商作为创业首选，原因有多个方面。

（1）电商行业具有巨大的市场潜力。随着互联网的普及和消费者购物习惯的改变，电商市场不断扩大，为00后创业者提供了广阔的发展机会。无论是传统的电商平台如淘宝、京东，还是新兴的社交电商平台如拼多多、抖音，都拥有庞大的用户群体和消费市场。

（2）电商创业具有较低的初始投资和运营成本。相对于传统的实体零售业，电商创业的初期投入成本较低，00后创业者可以通过建立网店、开展网络营销等方式，以较低的成本进入市场。同时，电商经营模式具有灵活性，可以根据市场需求和趋势进行调整和扩展，适应性强。

（3）电商业务可以突破地域限制，通过互联网进行全球销售。00后创业者可以将产品销售到全国乃至全球的消费者，开拓更广阔的市场。这一特点使得电商创业具有更广泛的市场覆盖范围，为创业者提供了更多的销售机会。

（4）电商行业以数据为基础进行运营和决策。通过数据分析和市场调研，创业者可以更好地了解消费者需求、优化产品和营销策略，提高销售效果。这种数据驱动的决策方式使得电商创业的经营决策更加精准和高效。

（5）电商行业涵盖了各种产品和服务，00后创业者可以根据自己的兴趣和专长选择合适的领域进行创业。这种多样性使得电商创业更具吸引力和发展空间。

越来越多的年轻人的创业梦通过电商平台得以实现，同时这些年轻人也通过自己的视野、态度、创意，改变着电商平台，为电商平台注入新鲜活力。

除了电商平台是年轻创业者的首选，新兴行业也非常吸引年轻人的注意力。调查显示，00后想从事的新兴职业中，视频UP主、电商博主和菜品体验官位列前三；愿意或正在灵活就业的00后，网红达人、开店、剪辑成为热门职业前三名。新职业正在不断涌现，这个时代是一个非常有意思的时代，巨大的不确定性中，总会有新机会出现。

在细分垂直领域打造独具一格品类

　　细分的垂直领域指的是针对某一特定产业或市场，进行深入挖掘和精细化运营的领域。这些领域通常具有较高的专业性和针对性，需要深入了解相关行业和市场，掌握特定的技能和知识。

　　细分的垂直领域可以根据不同的行业和市场进行划分，如金融领域的量化投资、区块链技术等，电商领域的垂直电商、社交电商等，医疗领域的医疗美容、健康管理等。在这些领域中，创业者可以通过对行业和市场的深入了解，提供更加专业化和精细化的产品和服务，满足消费者对高品质、个性化的需求。

　　00后更加注重兴趣和热情，他们更愿意从事自己感兴趣的领域。垂直细分领域通常与特定兴趣或爱好相关，能够满足00后对兴趣领域的探索和追求。

　　00后作为新一代的年轻人，具有更强的创新和探索精神。在垂直细分领域中，他们可以针对特定领域进行深入挖掘和创新，寻找新的商业模式和发展机会。这种创新和探索精神符合00后的特点。

　　垂直细分领域具有更广阔的市场需求和发展前景。随着消费者需求的不断变化和市场的不断扩大，垂直细分领域能够满足消费者对个性化、专业化服务的需求。00后看到了这些机会，因此更倾向于在这些领域创业。

技术和社交媒体在当今社会中扮演着重要角色。00后在这方面更加熟悉和适应，他们可以利用这些工具来推广自己的产品或服务，不断扩大市场份额。在垂直细分领域中，通过技术和社交媒体的应用，可以更好地满足消费者需求，提升竞争力。

例如，某00后发现娃衣潮玩是年轻人圈子中的一个流行元素，于是选择了这个赛道进行创业。娃衣即为BJD、小布娃娃、棉花娃娃等的衣服，由于圈层文化的盛行，此类潮玩受到一部分年轻人的追捧。小众市场如cosplay服装、潮玩娃衣服装是二次元玩家的聚集地。娃衣这一新兴的潮流玩法，近年来受到动漫爱好者及化装玩家群体的热捧，形成了一个细分市场。

00后创业者会找到自己熟悉的圈子，从玩音乐、剧本杀到品咖啡、喝精酿啤酒，慢慢地，他们会发现其中的商机。

泛流量领域，虽然流量基数比较大，但用户价值往往特别低，很多用户只是用自媒体来消磨时间。而细分领域，虽然流量比较少，但是胜在精准，很多用户不再是为了打发时间，而是为了满足某种需求，所以用户价值巨大。

00后作为新一代的年轻人，具有更强的创新和探索精神。在细分领域中，他们可以通过对特定领域的深入挖掘和创新，寻找新的商业模式和发展机会。这种创新和探索精神符合00后的特点，也是他们在细分领域创业的重要优势。

00后更加注重个性化、专业化服务的需求。在细分领域中，他们可以针对特定领域进行深入挖掘和服务，提供更加专业化和精细化的产品和服务，满足消费者对高品质、个性化的需求。这种个性化、专业化服务也是

00后在细分领域创业的重要方向。

社交媒体等新媒体是00后最常用的信息获取和交流渠道。在细分领域中，他们可以利用社交媒体等新媒体进行营销和推广，更好地与消费者进行互动和交流，提高品牌知名度和影响力。这种营销和推广方式也是00后在细分领域创业的重要手段。

00后对市场变化和消费者需求的变化具有较强的洞察力和敏感度。在细分领域中，他们可以通过对市场和消费者进行深入了解和分析，抓住商业机会和发展趋势，实现商业价值。这种市场洞察力和商业敏感度也是00后在细分领域创业的重要优势。

00后为"好玩儿的事"创业

虽然不少人想给00后贴上专属的标签，但00后又似乎很难被定义，没有哪一个00后是典型的，或许并不存在一个通过数据或标签贴出来的典型00后。但在对创业这件事的看法上，多数00后的倾向不是一定赚多少钱，而是倾向于创造、好玩儿。

他们认为"创业就是我自己追求做好玩儿的事，并让用户玩好。我觉得好玩儿是一种竞争力"。前辈们创业要的是提升效益，而00后创业者则是要做好玩儿的事。

显然，与父辈们相比，多数00后有着更优越的教育背景和良好的家庭条件，更追求精神层面的需求而不是物质。好玩儿、趣味性成为他们做事的重要考量标准之一。

哔哩哔哩与智联招聘联合发布的《2022青年求职行为洞察报告》(以下简称《报告》)也证明了这点。根据《报告》数据,去年一年,76%的00后愿意或正在从事新兴职业。密室NPC、剧本杀编剧、注册营养师成为B站投稿量增速前三的新兴职业。同时,大量不同职业的故事备受关注,年轻人也可以在UP主们的视频中体验300多种职业的不同人生,如乡村教师、调酒师、一线电工、机长、警察、动物饲养员等。

00后成长于信息爆炸的时代,他们接触的信息和新鲜事物比之前的任何一代都多。在这种环境下,他们更容易接受新事物,更愿意尝试和创新,从而在创业中更倾向于选择有趣和创造性的领域。现代教育注重培养学生的创新能力和实践能力,这种教育导向也影响了00后的创业观念。他们更愿意通过实践和创新来实现自己的想法,而不是单纯地追求经济利益。

00后对工作和生活的态度与前几代有所不同。他们更注重工作与生活的平衡,更看重工作的趣味性和个人成长。因此,他们在选择创业方向时,更倾向于那些能够让他们感到有趣和有挑战性的领域。

现代科技的飞速发展为00后的创业提供了更多的可能性。例如,互联网、人工智能、虚拟现实等技术的普及,让他们可以轻松地实现自己的创意,同时也让"创造和好玩儿"的创业项目更具吸引力。

00后为"好玩儿的事"创业是一种有趣的趋势,以下是一些例子。

(1)非非想科技:由清华大学交叉信息研究院的姚班学生组成,专注于用计算机视觉和自然语言处理等技术,开发出更智能、更有趣的互动体验。他们的产品包括一款名为"AI试衣镜"的智能硬件,让用户可以通过虚拟试衣镜来体验不同款式的衣服。

（2）粮信科技：一个年轻的创业团队，专注于为农民提供更为便捷、安全的粮食交易和信息交流平台。他们相信，科技可以为农民带来更高的收益和更好的体验。

（3）Insta360：专注于VR（虚拟现实）技术研发的公司，他们的产品可以让用户通过VR技术来拍摄和分享自己的生活体验。

实际上，与"前辈们"不同，00后更看重的是工作所带来的精神上的成就感和及时反馈。大学生就业实践平台刺猬CIWEI发布的一份"Z世代青年DNA研究报告"显示，在工作中，00后最在乎的不是金钱，而是有没有晋升空间。也就是说，00后可以忍受现在的辛苦，也可以忍受对薪资暂时不是很满意，但是要给他一条通道，能通过自己的努力感受到进步和成就感。创业同样如此，他们投入某个项目，并不是希望赚到"一桶金"，而是在创造和感受快乐的过程中，找到创业的成就感，然后顺带着把钱赚了。00后是一群很鲜明的创业者，他们拥有冲劲和信念，既能带着"试一试"的轻松心态上阵，又能以"搏一搏"的不服输精神做支撑，很容易将原本"好玩儿"的事做成气候。

投资人开始看好年轻的创业者

无论哪个时代的创业，单凭一己之力很难打下江山。投资人对于创业者而言是非常关键的角色。由于00后开始登上创业的舞台，也使得投资者开始对年轻的创业者伸出橄榄枝。投资人不但看重某个投资项目，更看重创业者本身是否具备创新意识和创造力。例如：

王兴是一位年轻的创业者，他在大学期间就开始创业，先后创办了校内网、饭否网等社交平台。后来，他创立了美团网，并迅速在市场上取得成功。美团网目前已成为中国较大的本地生活服务平台，市值超过百亿美元。王兴的成功得益于他的创新思维和执行力，同时也离不开投资人对他的支持和信任。

程维是一位年轻的创业者，他创立了滴滴出行，并迅速在市场上取得成功。滴滴出行目前已成为全球最大的移动出行平台，估值已经超过百亿美元。程维的成功得益于他的市场洞察力和商业模型设计能力，同时也离不开投资人对他的信任和支持。

张一鸣是一位年轻的创业者，他创立了今日头条，并迅速在市场上取得成功。今日头条目前已成为中国最大的内容分发平台，估值已经超过百亿美元。张一鸣的成功得益于他的技术创新能力和市场洞察力，同时也离不开投资人对他的信任和支持。

所以，投资人之所以愿意给予年轻的创业者更多支持，原因如下。

00后创业者通常具有很强的创新和创造能力，他们敢于尝试新鲜事物，勇于突破传统思维，能够提出独特而富有创意的商业理念和解决方案。这种创新和创造能力是投资人非常看重的，也是00后创业者在市场上获得竞争优势的重要因素。

00后作为新一代消费者，具有巨大的消费潜力。他们成长于互联网时代，对数字科技和社交媒体等新兴事物非常熟悉，对品质和个性化需求非常高。通过投资00后创业者，投资人可以把握这一代消费者的消费趋势和市场机会，获取更多的商业价值。

投资回报潜力：00后创业者通常具有很强的学习能力和成长潜力，他们具备快速适应市场变化的能力。通过投资他们的创业项目，投资人往往可以获得较高的投资回报。此外，由于00后创业者年轻有活力，他们的创业热情和动力也能够帮助企业快速发展。

行业多样性：00后创业者涉猎的领域非常广泛，包括科技、文化、娱乐、教育、医疗等各个领域。这种多样性为投资人提供了更多的投资机会和选择，使得他们可以根据自身的投资策略和风险偏好进行投资决策。

团队合作能力：00后创业者通常具有较强的团队合作能力，他们善于借助团队的力量实现创业目标。这种团队合作能力可以帮助企业在市场竞争中获得更多优势，同时也为投资人在未来退出时提供了更多的合作机会。

00后是在互联网时代成长起来的一代，他们对互联网的认知和应用能力比前几代人更强。在互联网领域，年轻人的想法和创意能够更好地适应和引领市场变化。因此，投资00后创业者可以借助他们在互联网领域的优势，获得更多的商业机会和收益。他们成长于数字科技和社交媒体等新兴事物迅速发展的时代，对品质和个性化的需求非常高。通过投资00后创业者，投资人可以把握这一代消费者的消费趋势和市场机会，获取更多的商业价值。同时，投资00后创业者也有利于品牌建设和市场推广，能够更好地吸引年轻消费者并建立品牌形象。

投资界了解到，已经有VC机构开始组建团队专门挖掘00后创始人。在投资人看来，00后创业者大多拥有全球视野和文化自信；他们渴望创新，更敢于创新，他们创业的方向往往来自切身体验，从个人喜好出发去找到契合的商业切入点，敢于奔赴自己的热爱。对于整个行业来说，00后创业者富有生命力、创造力、想象力，敢想敢做，是极为重要的一股创新力量。

世界终将属于年轻人，00后创业者也将集体登上创投的历史舞台，这一天正渐渐到来。

00后给农业发展注入新活力

00后创业开始关注绿色环保农业项目和服务是一个非常值得鼓励的趋势。在当前的环保趋势下，绿色农业和环保服务成为越来越受欢迎的创业方向。

随着年青一代对农业技术的兴趣和投入不断增加，他们正在为农业发展带来新的思路和方法。

第一，00后对农业技术的掌握和运用能力较强。他们具备现代化的知识和技能，能够运用互联网、大数据、人工智能等技术手段，提高农业生产的效率和质量。例如，通过无人机植保、智能温室等技术的应用，可以实现精准农业和智能化管理，提高农作物的产量和品质。

第二，00后更加注重绿色环保和可持续发展。他们关注环保和健康问题，注重资源的循环利用和生态平衡。在农业生产中，他们采用有机肥料、生物防治等环保措施，减少化肥和农药的使用，保障农产品的安全和质量。

第三，00后还注重农业产业化和创新发展。他们注重农产品的品牌建设、市场营销和产业链的整合。通过开发特色农产品、建立合作社和农业企业等方式，推动农业产业升级和创新发展。

这是一个数字化的时代，年轻的创业者不但要向农业生态方向发展，同时还要借助数字化让传统农业焕发新的生机。

以下是一些可能的方式。

通过运用大数据、物联网、人工智能等技术，可以对农业生产进行精准监测和预测，提高农作物的产量和品质。例如，利用传感器和无人机进行农田巡视，可以实时获取土壤湿度、温度、pH等信息，为农民提供更加精准的种植和管理决策。

数字化技术可以帮助优化农业供应链，提高农产品的流通效率和质量。例如，通过建立农业信息化平台，可以实现农产品信息的实时共享和预测，提高供应链的透明度和协同性。

数字化技术可以帮助农业企业提高融资效率和质量，缓解农业生产的资金压力。例如，通过大数据分析和风险评估，可以更加准确地评估农业企业的信用等级和融资需求，为金融机构提供更加可靠的决策支持。

数字化技术可以帮助农业科技更加广泛地推广和应用，提高农业生产的效益和竞争力。例如，通过互联网和移动通信技术，可以将农业科技知识和信息传递给更多的农民和农业企业，促进农业科技的普及和应用。

数字化技术可以帮助农业企业实现环保和可持续发展，提高农产品的安全和质量。例如，通过建立生态农业系统，可以实现农作物种植、畜禽养殖、废弃物利用等环节的循环化和生态化，促进农业生产的绿色发展。

以上数字化与农业的发展，离不开数字技术，更离不开拥有数字技术的当代大学生。00后作为新生代的创业者，他们在农业上的发力将会给传统农业带来改变。

例如，上海叮咚买菜农场引入了数字化系统，监测温度、湿度、含水量、pH等，借助图表数据能够实时判断哪里出了问题。由于农场数字化转型吸引了大量的年轻人加入其中，招聘00后管理农业机器人，每天的工作是负责农业机器人的测试、调试和维修，或者抽出几个小时站在田边用手机遥控测试插秧机器人。全自动插秧速度快，一亩地只需8～10分钟。近200亩土地，仅用十几天时间就能插满水稻秧苗。

例如，小杨是一个2000年出生的年轻人，他毕业于一所农业学院，专业是农业机械与自动化。从小就对农业产生浓厚兴趣的他，毕业后决定回到家乡，成为一名新型职业农民。回到家乡后，小杨加入了当地的农业合作社，开始从事农业生产。他利用自己的专业知识和技能，帮助当地农民提高了生产效率和质量。他不仅学会了秧苗培育、农田平整、施肥撒药等农活，还熟练掌握了各种农业机械的操作和维护。

在农业生产中，小杨发现很多农民对新技术和新知识的接受能力有限，于是他开始利用自己的知识储备和技能，向农民们推广新的农业技术和知识。他通过讲解、示范和实践等方式，帮助当地农民更好地掌握和应用新技术，提高了农作物的产量和质量。同时，小杨还积极参与农业机械的研发和改进。他利用自己的专业知识和技能，针对当地农作物的生长特点和生产需求，研发出了一些新型的农业机械，并不断进行改进和完善。这些机械的应用，不仅提高了农业生产效率和质量，也降低了农民的劳动强度和生产成本。在农业领域，小杨不断探索和创新，用自己的知识和技能为农民服务。他的成功案例也为更多的年轻人提供了新的职业选择和发展方向。

所以，00后选择回到农村进行创业也将成为他们的创业偏好。无论是种植业还是畜牧业，他们将带着自己所学的专业回到农村，借助互联网和数字技术，必将会给传统农业带来新的改观和活力。

通过创业将民族文化带向世界

在现代化的进程中,民族文化逐渐被更多的人所重视和欣赏。人们开始发现,民族文化不仅具有独特的历史传统和艺术价值,同时也是地方旅游、手工艺、农业等产业的重要资源。对这种文化价值的重新发掘,推动了民族文化的传承和发展。

为了实现乡村振兴,国家出台了一系列政策,鼓励和支持农村地区的发展。这些政策包括农业补贴、农村基础设施建设、农村旅游开发等,为乡村经济注入了新的活力。同时,地方政府也积极推动乡村经济的发展,鼓励农民创业创新,提高农民收入和生活水平。

为了推广民族文化和实现乡村振兴,不少00后也纷纷开始希望通过创业将民族文化带向世界。

例如,某00后是民族大学网络与新媒体专业的毕业生,他从大三就开始创业,以民族文化为中心,带领团队创办公司,从零开始发展到了50多人的团队,并获得了几百万元的天使投资。团队成员均是来自不同民族且热爱民族文化的年轻人,他们怀揣着振兴家乡的共同梦想,致力于深耕民族文化领域,把民族文化和家乡的民族特产,包括农产品、手工艺品、民族民俗文创等推向全国乃至世界。利用他们所学的新媒体运营与直播电商的方式传承民族文化的想法,学以致用,做出构建民族文化矩阵的计划。

之所以不少00后选择振兴乡村经济和民族文化，有以下三个原因。

1. 互联网的普及和新媒体的兴起

随着互联网的普及和新媒体的兴起，民族文化和乡村经济得到了更广泛的传播和推广。通过互联网和新媒体平台，人们可以轻松地了解不同地区的文化和特色，也可以更好地了解乡村经济的发展状况和前景。这种传播方式的变革，为民族文化和乡村经济的发展提供了更广阔的空间。

2. 乡村旅游的兴起

随着城市化的进程加快，人们对于自然、历史、文化等方面的需求越来越强烈。乡村旅游的兴起，让人们有机会去体验不同于城市的另一种生活方式和文化氛围。在乡村旅游中，游客可以品尝当地的美食，了解当地的文化传统和手工艺，参与当地的农耕活动等，这种体验方式不仅满足了游客的需求，也为当地农民带来了经济收益。

3. 创新和创意的发展

在民族文化和乡村经济的发展中，创新和创意起到了至关重要的作用。无论是在文化传承、手工艺品制作，还是农业产品开发等方面，都需要不断地进行创新和挖掘创意。这种创新和创意不仅提高了产品的质量和竞争力，也为当地经济发展注入了新的活力。

00后创业为文化赋能，推进乡村文化振兴是一个非常有意义的主题。在当今社会，随着经济的发展和城市化进程的加速，越来越多的年轻人开始关注乡村地区的发展和文化传承。通过创业，他们可以为乡村地区注入新的活力和文化元素，推进乡村全面振兴。

在文化赋能方面，00后创业者可以利用现代科技手段和创意设计理念，将传统文化与现代元素相结合，打造具有特色的文化品牌。例如，他们可以开发具有当地特色的手工艺品、文创产品、艺术品等，通过线上和线下渠道进行推广和销售。这样不仅可以增加乡村地区的经济收入，还可以为当地居民提供就业机会和技能培训，提高他们的生活水平。

在乡村文化振兴方面，00后创业者可以积极推动乡村旅游、农村电商等新兴产业的发展。他们可以利用当地优美的自然风光、深厚的历史文化和特色产业等资源，打造具有特色的旅游路线和体验项目。同时，他们也可以通过电商渠道将当地的特色产品销售到更广泛的市场，提高乡村地区的知名度和影响力。

除此之外，00后创业者还可以通过开展社会公益活动、支持教育事业等方式为乡村振兴贡献力量。他们可以与当地居民合作，共同开展环保、文化传承等公益项目，改善乡村环境和生活条件；同时也可以为当地的学校和教育机构提供支持和帮助，提高教育质量和学生素质。

第八章
如何针对00后进行商业模式创新

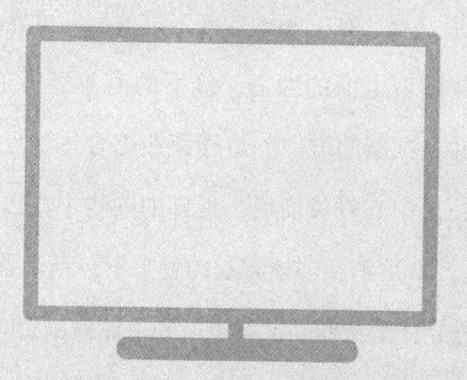

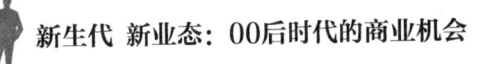

预测未来00后新生代商业发展趋势

商业发展趋势是未来一段时间内，商业领域可能发生的一些变化和趋势。这些趋势可能受到多种因素的影响，如技术进步、消费者需求、市场竞争、政策法规等。

随着互联网、移动设备、人工智能等技术的不断发展，商业领域正在经历数字化和智能化的转型。商家可以通过数字化渠道进行营销和销售，提高效率和质量，同时也可以通过智能化技术提高生产和管理的自动化水平。

随着00后成为主要的消费人群，凸显出他们对"玩"与"买"的深度需求，只有和00后"玩"在一起，才能走进他们的世界。

在新时期，伴随着电商的冲击，线下的商业经历了残酷的清洗之后，逐步站稳脚跟，并找到新的方向。追溯商业综合体的发展，其经历了三个比较明显的阶段：市中心百货商场、近郊的购物中心以及新型的商业综合体形态。在90后、00后消费群体崛起的背景下，新消费结构发生了颠覆性变化，购物消费已经完全从商品消费进阶到了体验消费时代。

当下大多数消费及消费模式都不同程度地受到新技术和互联网的影响，并在不断更新融合。由此，消费升级趋势明显并呈现出消费便利化、智能化、社交化、体验化的特点。在这种情况下，对于商业体而言，只有在精神层面上与消费者产生共情且建立有价值感和意义感的新社交空间，才能从竞争激烈的市场中脱颖而出。购物空间也从第一阶段以购物为主要内容过渡到以休闲娱乐为中心的购物中心，就是给人一个好玩的地方，一家人周末到购物中心去玩一玩、逛一逛的轻度假模式。目前，购物中心已经呈现出与"文旅融合"的发展趋势。

当下以00后为主的消费群体，他们追求"有趣、好玩儿、有美味"，所以在消费升级方面要做创新。

一是连接创新，分为时间、空间、人群和裂变四大因素，前三者比较好理解，重要的是裂变。通过成立小型的社区，逐渐裂变出多个社区，最终形成持续的裂变效应。社群化营销是指通过社交媒体、社区等渠道，建立品牌和消费者之间的强关系，提高品牌知名度和忠诚度。商家可以通过社群化营销，与消费者建立更加紧密的联系，提供更加个性化和定制化的产品和服务。二是供给创新，未来几年市场将会出现一大批提供新产品、新设计、新服务、新场景的相关业态。三是平台创新，消费场所将出现更多、更新的文创融合的消费平台，形成不同需求的相互带动、不同供给的相互协同、不同时空的相互融合、不同场景的相互扩容、不同消费的相互交织，借此全面提升消费需求，引爆年轻消费市场。

当下的消费市场正在经历前所未有的变革，这将给中国消费行业带来巨大的机会和挑战。要想在这个市场中获得成功，就必须紧跟时代潮流，把握市场趋势，满足消费者需求。

我国消费领域呈现出由生存型消费向发展型消费升级、由物质型消费向服务型消费升级、由传统消费向新型消费升级的特征。从需求端来看，人口结构的变化驱动新消费人群崛起和新消费理念盛行，以"千禧一代"

及"Z世代"为代表的年轻消费群体已成为中国消费市场主力军。从供给端来看，随着5G、人工智能、云计算、物联网、区块链、元宇宙等技术的快速发展，需求变迁和科技进步正在重塑产业形态和消费场景。

与消费紧密相关的三个关键词分别是"线上化、本土化、自我化"。

（1）线上购物节：近年来，线上购物节越来越受到消费者的青睐。例如，中国的"618"和"双11"等线上购物节吸引了大量消费者在线上购物。这些线上购物节不仅提供了丰富的商品以供选择，还通过各种促销活动吸引了消费者购买。

（2）本土品牌崛起：随着消费者对本土文化和品牌的认同感增强，本土品牌逐渐崛起。例如，中国的华为、小米等本土品牌在智能手机领域占据了越来越重要的地位。这些品牌通过提供高品质、个性化的产品和服务，吸引了大量消费者购买。

（3）定制化商品和服务：消费者越来越注重个性化定制的商品和服务。例如，一些电商平台提供定制化的服装、鞋帽等商品，消费者可以通过选择材质、颜色、尺寸等参数进行个性化定制。此外，一些餐饮店也提供定制化的餐饮服务，消费者可以通过选择食材、口味等参数进行个性化定制。

目前五大夜间消费场景包括夜购、夜游、夜品、夜娱和夜赏。这些场景涵盖了消费者在夜间消费的主要领域，包括购物、旅游、餐饮、娱乐和艺术欣赏等方面。

（1）夜购：夜间购物是消费者在夜间进行的一种消费行为，包括在商场、超市、便利店等实体店铺进行购物，也包括在网络购物平台上进行线上购物。商家可以通过夜间购物活动吸引消费者，提高销售额和品牌知名度。

（2）夜游：夜间旅游是指在夜间进行的旅游活动，包括城市夜游、景区夜游等。这种旅游方式可以让消费者在夜间感受不同的城市文化和风景，促进旅游产业的发展。

（3）夜品：夜间餐饮是指消费者在夜间进行的餐饮消费，包括在餐厅、小吃店、夜市等场所进行的餐饮消费。商家可以通过提供特色美食、推出夜间餐饮优惠等活动吸引消费者，提高销售额和品牌知名度。

（4）夜娱：夜间娱乐是指消费者在夜间进行的娱乐活动，包括看电影、参加派对、到KTV等娱乐场所进行的活动。商家可以通过提供多样化的娱乐项目和优惠活动吸引消费者，提高娱乐产业的销售额和品牌知名度。

（5）夜赏：夜间艺术欣赏是指消费者在夜间进行的艺术欣赏活动，包括参加音乐会、欣赏戏剧、参观展览等文化活动。商家可以通过提供高品质的文化活动吸引消费者，提高文化产业的销售额和品牌知名度。

除了消费场景的变化，新消费品牌的发力重点开始从"外向"的流量传播转向"内在"的产品力和渠道力的建设。当然，无论商业趋势如何发展，能够打动消费者的往往是那些对于产品生产研发一丝不苟的品牌。

未来可能出现的新商业模式和发展机会

商业趋势的发展必定会带来新的商业模式和发展机会。随着00后成为消费主力，他们的消费行为和偏好都成为未来商业模式和发展机会的基础。调查研究发现，2022年，00后这群最有潜力的消费者，既要享受生活又要精打细算，直面"苦难"却又不断寻找生活中的点滴慰藉。所以带来了很多新的商业模式，如露营、宠物与二手电商。

年轻人新消费中的"露营"是一个非常有趣的现象。近年来，露营作为一种休闲方式逐渐受到年轻人的青睐，成为一种新消费趋势。与露营相关的商业模式和营销机会也渐渐多了起来。比如，露营地建设：随着露营的流行，越来越多的企业和个人开始投资露营地建设。这些露营地通常提供帐篷、睡袋、野餐桌椅等露营必备设施，以及篝火晚会、野外烧烤、户外运动等娱乐活动。年轻人可以在这里享受大自然的美妙和户外的自由。

露营用品销售：露营用品销售市场随着露营的流行而蓬勃发展。从帐篷、睡袋、野餐桌椅等基本用品，到 GPS 定位仪、折叠自行车、便携式冰箱等高端设备，年轻人可以选择购买各种适合自己的露营用品。

露营旅游：露营旅游是一种将露营和旅游相结合的新型旅游方式。年轻人可以选择前往山区、海滩、森林等自然景区去露营，体验大自然的美妙和神秘。此外，一些露营地还提供餐饮、洗澡等设施，让年轻人可以在这里度过一个舒适的夜晚。

社交媒体分享：年轻人喜欢在社交媒体上分享自己的露营经历和照片。通过社交媒体平台，他们可以展示自己的露营技能和品位，也可以向其他年轻人展示露营的乐趣和意义。

年轻人新消费中的"宠物"市场也是一个持续增长的市场，他们在这个市场中有很多消费案例。以下是一些关于年轻新消费的"宠物"市场和案例。

年轻人非常重视宠物的健康和营养，因此宠物食品市场非常庞大。他们喜欢购买高品质的宠物食品，如进口狗粮、猫粮等，同时也注重宠物的饮食健康和营养均衡。一些新兴的宠物食品品牌也通过社交媒体和口碑营销等方式吸引了大量年轻消费者。

宠物用品：年轻人喜欢购买各种宠物用品，如宠物床、宠物玩具、宠物包等。这些用品不仅需要满足宠物的需求，同时也需要符合年轻人的审美和品质要求。一些新兴的宠物用品品牌通过创新设计和品质保障等方式吸引了大量年轻消费者。

宠物医疗：随着人们对宠物健康的关注度不断提高，宠物医疗市场也持续增长。年轻人需要专业的宠物医疗服务，如疫苗接种、驱虫、手术治疗等。同时，他们也注重宠物的日常保健和健康管理，如定期体检、美容护理等。一些新兴的宠物医疗机构通过提供高品质的医疗服务和舒适的就诊体验，吸引了大量年轻消费者。

宠物保险：随着人们对宠物健康的关注度不断提高，宠物保险市场也逐渐兴起。年轻人喜欢购买宠物医疗保险，以保障宠物的健康和医疗费用。一些新兴的宠物保险公司通过提供全面的保险方案和优质的服务，吸引了大量年轻消费者。

宠物社交：年轻人喜欢与宠物交流和互动，因此宠物社交市场也非常庞大。他们通过社交媒体平台分享宠物的照片、视频和故事，同时也参加各种宠物社交活动，如宠物聚会、比赛等。一些新兴的宠物社交平台通过提供互动交流和社区建设等功能，吸引了大量年轻消费者。

年轻人对于二手电商也较为热衷，二手电商之所以成为新宠，主要原因有以下几点。

年轻消费者越来越注重性价比，他们更愿意购买二手商品，尤其是高价值的二手商品，如名牌包、奢侈品等，这些商品往往能以更低的价格购买到同样的品质。

年轻消费者越来越关注环保问题，他们认识到购买二手商品可以减少浪费和碳排放，符合环保理念。同时，一些二手商品经过专业处理后，品质和外观能够达到全新商品的水平，对环境的影响也相对较小。

近年来，社交电商平台如雨后春笋般涌现，为二手商品交易提供了更多的机会和渠道。在社交电商平台上，用户可以更容易地找到志同道合的买家或卖家，更便捷地进行交易。

随着互联网技术的发展，电商平台的信用体系不断完善，买家和卖家之间的信任度逐渐提高。在二手电商平台上，卖家可以通过提供商品详细信息、实物照片等方式向买家展示自己的诚信度，而买家也可以通过评价、举报等方式维护自己的权益。

二手电商平台在用户体验方面也不断进行优化，如简化交易流程、提供便捷的支付方式、设立专业的售后服务等，这些措施都提高了用户的满意度和忠诚度。

除了以上一些比较火的商业模式，未来符合00后消费新需求的商业机会也会不断涌现。比如，以下七种：

（1）可持续性商业模式：随着社会对环境和社会责任的关注不断增加，未来，可持续性商业模式将成为主流。这种商业模式强调产品和服务的环境友好性、社会责任、透明度和可持续性，主要包括循环经济模式、共享经济模式、可持续能源模式、绿色供应链模式和社会创新模式等。

（2）无人零售模式：随着技术的发展，无人零售模式将会越来越流行。这种模式通过自助结账和自动售货机等方式，可以实现24小时营业和无人管理。

（3）个性化服务模式：未来，消费者对于个性化和定制化的需求会越来越高，商家需要提供更加个性化的产品和服务来满足消费者的需求。

（4）社交电商模式：社交媒体和电商的结合将成为未来的一个趋势。商家可以通过社交平台上的用户数据和社交互动来了解消费者的需求和偏好，提供更加精准的商品推荐和营销策略。

（5）共享经济模式：共享经济模式已经越来越受欢迎，未来这种模式可能会进一步发展。例如，共享办公、共享汽车、共享单车等共享经济的兴起，不仅可以提高资源的利用效率，还可以为消费者提供更加便捷和低成本的服务。

（6）无界零售模式：未来，零售商将会通过虚拟现实和增强现实技术，将购物场景带到消费者身边。消费者可以在家中通过虚拟现实技术试穿商品，或者在实体店中通过增强现实技术了解更多商品信息。

（7）订阅模式：订阅模式已经广泛应用于数字内容和软件行业，未来可能会在更多的领域出现。例如，消费者可以通过订阅模式按月或按年购买化妆品、报纸、杂志等商品或其他服务。

社群模式将成为新经济模式

随着经济发展，营销理念和营销手段也在不断更新迭代。经过了以产品为驱动的营销1.0模式、以客户为驱动的营销2.0模式、以价值为驱动的营销3.0模式的转变，目前，在互联网和移动互联网、数字经济背景下，营销商业已进入需要反映人的价值观的产品、服务和企业文化生态的4.0模式。

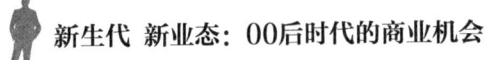

以产品为驱动的营销1.0模式，解决企业和品牌的"交易"问题，主打产品功能和差异化卖点，帮助企业将产品转化为利润，如何更好地把产品卖出去是营销的核心。工业革命阶段，销售产品是企业的目标，企业看待市场的方式是具有生理需要的大众买方，主要营销概念停留在产品开发，与消费者的互动情况是"一对多"式交易。企业所看重的产品价值是功能性。

以客户为驱动的营销2.0模式，属于信息技术时代，战略导向开始从产品向消费者转变，开始了目标消费者定位，营销要满足并维护消费者。企业看待市场的方式是有思想和选择能力的特定消费者。营销概念开始追求产品"差异化"，与消费者的互动情况也开始了"一对一"的联系。企业所看重产品的价值是功能性和情感化。

以价值为驱动的营销3.0模式，新浪潮科技成为营销推动力，企业看待市场的方式是具有独立思想、心灵和精神的完整个体，产品的价值主张是功能性、情感化和精神化，与消费者互动的情况成了"多对多"的合作模式。3.0营销模式是把客户"猎物"的状态还原成"丰富的人"，更加重视消费者的情感与精神的需求。

目前新业态、新经济大力发展，营销已经开始向4.0生态模式转变。营销4.0以大数据、社群、价值观营销为基础，企业将营销的中心转移到如何与消费者积极互动、尊重消费者作为"主体"的价值观，让消费者更多地参与到营销价值的创造中来。不但要卖产品、卖服务，更要让消费者参与进来实现共创、共享。消费者和客户是企业参与的主体，主要营销概念是借助社群、大数据，打造共同体和生态圈，是网络参与和整合，是点对点的交易。在数字化时代，洞察与满足这些连接点所代表的需求，帮助客户实现自我价值，就是营销4.0所需要面对和解决的问题，它是以价值观、连接、大数据、社区、新一代分析技术为基础而造就的。所以，营销4.0模式也可以称为"数字营销生态圈"。

之所说社群模式将成为新经济模式，是因为社群模式更注重人与人之间关系的联结和强化。在社群中，人们通过共享价值观、兴趣和生活方式等，形成紧密的社交网络，这种网络为个体提供了更多的机会和资源，同时也为企业提供了更广阔的市场和庞大的用户基础。社群模式使商业运营从"以产品为中心"向"以用户为中心"转变。社群模式将用户视为产品和服务的核心，通过深入了解用户需求和痛点，提供个性化的解决方案，实现用户价值的最大化。这种以用户为中心的运营模式，使得企业能够更好地满足用户需求，提高用户满意度和忠诚度。

社群模式使企业能够更好地挖掘用户价值。在社群中，用户不仅是消费者，也是产品的生产者、推广者和服务者。通过让用户参与产品的设计、生产和推广等过程，企业能够更好地挖掘用户价值，实现用户价值的最大化。社群模式具有更强的抗风险能力。在传统商业模式中，如果产品或服务出现问题，可能会对企业的声誉和用户忠诚度造成严重影响。而在社群模式中，由于用户之间的紧密联系和信息共享，企业可以更快地获取用户反馈和意见，及时调整产品和服务，降低风险。

社群模式有助于企业创新和进化。在社群中，用户之间的交流和分享可以为企业提供更多的创意和思路，推动企业不断创新和进化。同时，社群中的用户反馈和意见也可以帮助企业更好地了解市场需求和趋势，为企业的战略决策提供更有价值的参考。

社群模式营销的案例有很多，以下是一些典型的案例。

（1）小米通过建立社群，让用户参与产品开发、改进、定价等过程，实现了产品快速迭代和用户深度参与，从而获得了成功。小米的社群营销策略不仅增加了用户的忠诚度，还降低了市场风险，提高了品牌形象。

（2）拼多多是一家基于社交电商的电商平台，通过社交媒体和社交网络进行裂变式营销，吸引了大量用户。拼多多通过低价团购、拼团等方式，让用户享受实惠的价格和优质的服务，同时通过社群营销策略，提高用户的黏性和忠诚度。

（3）星巴克：星巴克通过社交媒体平台进行推广，与用户进行互动，提高了用户的忠诚度和黏性。星巴克还通过推出限量版咖啡、周边产品等，吸引用户关注和购买，提高了品牌形象和市场竞争力。

所以，未来的新经济模式一定是建立在以信息技术、互联网、大数据等新兴技术的支持下，以创新为核心，以服务为导向，以共享为特征的一种经济发展模式。这种模式强调数字化、智能化、绿色化、服务化等特点，注重创新、开放、合作、共享等理念，旨在推动经济的高质量发展和社会进步。新经济模式在生产方式、消费方式、商业模式、组织结构等方面都发生了革命性的变化。在生产方式上，新经济模式强调智能化、定制化、柔性化生产，以满足个性化、多样化的消费需求。在消费方式上，新经济模式鼓励消费者通过互联网、移动支付等方式进行消费，提高消费的便利性和安全性。在商业模式上，新经济模式注重平台化、生态化、社交化等模式，以实现商业模式的创新和升级。在组织结构上，新经济模式强调扁平化、开放化、协作化的组织结构，以促进创新和合作。

00后更喜欢分享和互动，所以以00后为消费主体的社群营销成为一种大趋势。随着社交媒体的普及和用户行为的改变，人们越来越重视社群关系和互动。社群营销能够通过建立社群、加强互动、提供个性化服务等手段，更好地满足用户需求，提高用户黏性和忠诚度。同时，社群营销还能够通过口碑传播、用户生成内容等方式，提高品牌知名度和影响力。

体验式、社交式的消费商业模式

被年轻人改变的商业模式，不只是"年轻人的商业"，更是数字化基因带来的前所未有的规模、速度以及影响力。为他们量身打造的商业模式必须具备两个特点，分别是体验式和社交式的消费商业模式。

体验式和社交式的消费商业模式是一种结合了体验和社交元素的商业模式，旨在提供更加个性化和社交化的消费体验。这种模式在当今的商业环境中越来越受到关注，以下是体验式和社交式消费商业模式的一些特点。

（1）体验式消费强调消费者在购物、娱乐和社交过程中的参与感和体验感。这种模式通过打造独特的消费体验，如虚拟现实试衣间、互动式展厅、个性化定制服务等，让消费者能够更深入地了解和感受产品或服务。体验式消费有助于提高消费者的满意度和忠诚度，同时也能提升品牌的价值和影响力。

（2）社交式消费模式借助社交媒体和社交网络的力量，通过口碑传播、用户生成内容等方式，将消费者与品牌、消费者与消费者之间连接起来。这种模式利用社交媒体的互动性和传播性，让消费者能够更好地参与到品牌的传播和推广中，提高品牌的知名度和影响力。同时，社交式消费也能

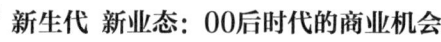

够帮助企业更好地了解消费者的需求和反馈，优化产品和服务。

（3）社群营销是一种利用社群关系进行营销的方式，通过建立社群、加强互动、提供个性化服务等手段，吸引和保持消费者的参与度和忠诚度。社群营销可以利用社交媒体平台、线下活动等多种渠道，将消费者聚集在一起，让他们更好地了解品牌和产品，同时也能让他们之间建立更紧密的联系。

体验式、社交式的消费商业模式可以应用于各种行业和领域，如零售、餐饮、娱乐、旅游等。例如，美国的体验式购物中心就是一种结合了体验和社交元素的商业模式，通过引入娱乐设施、娱乐活动和社交空间等元素，提供更加个性化和社交化的购物体验。此外，一些餐饮企业也通过建立社群、提供定制化服务和体验式用餐等方式，打造独特的消费体验和品牌形象。

例如，西安大悦城与可口可乐、可乐喜剧联合打造了西北首个线下实体商业跨界戏剧文化体验空间——嘻游言究所2.0版。阿波罗尼亚剧场华中首店入驻长沙北辰三角洲大悦城，以"小酒馆"为舞台，让观众近距离观看剧情发展，享受沉浸式体验。K11作为艺术、人文及自然融合的多元化创意平台，常与博物馆、美术馆或名家大师合作，将艺术作品带到大众面前，让顾客沉浸艺术氛围，比如，沈阳K11刚刚举办的曼纽尔·马蒂厄个展"浴火重生"，用众多作品介绍了曼纽尔·马蒂厄多重的、观念的、抽象的艺术表达；武汉K11新展"伊戈尔的猫"以猫咪的视角看待人类世界，展示了白俄罗斯国宝级艺术家伊戈尔及其夫人和好友的作品，包括画作和雕塑装置，探索猫咪的生活哲学和态度，也给观众带来松弛感及治愈的体验。

体验式和交互式的消费模式是消费者在厌倦了同质化严重的传统购物

中心，体验感一般情况下而催生的新的消费模式。"体验式""社交式"的消费模式，尤其是迎合了年轻消费群体普遍追求个性化、渴望持续获得新鲜感的消费心理。例如，快闪店就是体验式和交互式消费模式最直接的代表。

快闪店是一种短期营业的店铺，通常在商场、购物中心等人流密集的地方快速出现并营业一段时间。快闪店通常具有创意性、趣味性、互动性等特点，能够吸引消费者的眼球并提高品牌知名度。以下是一些快闪店的案例。

（1）伊利快闪店：伊利在广州和深圳等城市开设了快闪店，以"一城一味"为主题，让消费者在品尝牛奶的同时，也能感受到不同城市的特色味道和文化。

（2）美团快闪店：美团在多地开设了快闪店，以"帮你省"为主题，通过线上线下的互动方式，向消费者展示了美团的优惠和便捷服务。

（3）味全每日C快闪店：味全每日C在多地开设了快闪店，以"活力补给站"为主题，通过有趣的游戏和活动，向消费者展示了味全每日C的活力和营养。

（4）康师傅番茄鸡蛋牛肉面快闪店：康师傅在广州和深圳等城市开设了快闪店，以"我在××想见你一面"为主题，通过限时优惠和互动游戏等方式，向消费者推广了康师傅番茄鸡蛋牛肉面新品。

（5）沪上阿姨快闪店：沪上阿姨在深圳和上海等城市开设了快闪店，以"主题音乐节"为主题，通过现场演出和互动游戏等方式，向消费者展示了沪上阿姨的品牌形象和饮品特色。

（6）李宁快闪店：李宁全球"行"快闪店在成都远洋太古里，第二天即以超过 60 万元的单日销售额，创下该品牌 30 年来销售新高。

（7）人民日报新媒体打造的"有间国潮馆"在北京三里屯亮相，三天活动线下参观人数达 5400 余人，创下了三里屯区域的排队纪录，线上相关话题的参与人数也高达 4 亿人次。

体验式和交互式的营销模式是一种以消费者为中心的营销模式，通过创造独特的体验和互动，提升消费者对品牌和产品的认知和忠诚度。这种模式注重消费者的参与和体验，利用各种手段与消费者进行互动，以更好地了解消费者的需求和反馈。

体验式和交互式的营销模式能够为消费者提供更加个性化和社交化的消费体验，提高消费者的满意度和忠诚度，同时也能够增加品牌的价值和影响力。企业可以根据自身特点和目标客户的需求，灵活运用这种模式来打造独特的消费体验和品牌形象。

单身经济与移动空间成了消费新势力

00 后人群崇尚自由，多数处于非婚的单身阶段，他们中单身人群的比重日益增加，单身经济也就成了消费新动力，围绕着单身经济所产生的商业模式也会应运而生。

单身经济是指由单身人群非常注重生活质量，崇尚高消费生活而带来的商机。除了单身公寓、单身套餐持续红火外，其他产业纷纷针对单身人士推出了"一个人的经济"。

单身经济包括多个方面，以下是其中的一些例子。

（1）单身餐厅：这些餐厅专门为单身人士设计，提供一人份的餐饮，相较于普通餐厅，对单身人士更友好。

（2）单身旅游：针对单身人士的旅游产品，例如，为单身男女设计的专门的旅游套餐。

（3）宠物消费：例如，购买"喵星人"作为宠物，这也是"铲屎官"经济的一部分。

（4）电子游戏、电子网络和电子商务：这些产品填补了单身人士的空闲时间。

（5）婚恋网站、婚恋介绍所和婚恋应用：这些产品为单身人士提供了寻找伴侣的平台。

（6）迷你家电产业：如迷你冰箱、小型咖啡机、小于标准尺寸的水壶和炊具等，这些产品适应了单身人士的生活需求。

（7）AI相亲：这是一种新的相亲方式，通过人工智能技术为单身男女提供婚恋匹配服务。

（8）虚拟经济：如在线游戏、虚拟货币等，这些都是单身经济的一部分。

（9）交友网站：这些网站为单身人士提供了交友的平台。

（10）培训机构：如语言培训机构、技能培训机构等，这些机构为单身人士提供了自我提升的机会。

由此产生了孤独经济产业链，围绕单身独居青年一人食、一人游、一人娱等生活消费需求和个人情趣需求衍生盈利点的消费模式。这个产业链涵盖了从餐饮、旅游、娱乐到宠物、手游、个人情趣等多个领域，反映了当代青年消费需求的多元化、个性化,映射出他们自主自由的生存状态。

为了满足碎片化、短时消费、单身经济等消费需求,还出现了"移动空间"这种新的消费模式。"移动空间"是指一种适应现代快节奏、碎片化生活方式的消费空间。这种消费空间以移动设备为载体,利用互联网技术,为消费者提供便捷、快速、个性化的消费体验。

在现代社会,人们的时间越来越紧张,而消费需求却越来越多样化。碎片化的时间分配和短时的消费需求给消费者带来了很多困扰,而"移动空间"则为解决这些问题提供了解决方案。

首先,"移动空间"为消费者提供了便捷的消费渠道。通过移动设备,消费者可以随时随地访问各种消费场景,如商场、超市、餐厅、咖啡店等,无须排队等待,无须花费大量时间在路上。这大大提高了消费的便利性和效率。

其次,"移动空间"为消费者提供了个性化的消费体验。通过数据分析和人工智能技术,商业活动可以根据消费者的偏好和需求进行个性化推荐和服务,提高消费者满意度。例如,在电商平台上,消费者可以通过搜索、浏览、购买等行为,表达自己的需求和喜好,而平台则可以通过推荐算法,向消费者推送符合他们需求的商品和服务。

最后,"移动空间"还为消费者提供了社交化的消费生态。通过社交媒体和社交网络,消费者可以与朋友、家人和同事分享购物体验和消费心得,形成社交化的消费生态。这种社交化的消费生态可以提高消费者的黏性和忠诚度,同时也可以为商家提供更多的营销机会。

例如,迷你 KTV 不仅仅是一个线下唱歌、消遣碎片时间的连接点,更是一个连接商业广告、泛娱乐市场、音乐选秀的重要平台。还有一线城市较为流行的移动办公,成为新一代的创业公司工作者所喜欢的更加灵活的办公方式。

无论是单身经济还是移动空间,作为一种现代生活方式,正在悄悄改变着人们的思维,同时也改变着原本传统的商业模式。有年轻人的地方必有创新,00后崛起已势不可当,越来越多迎合其需求的多元化、个性化的消费模式、商业模式将问世。所以,进入2024年,面对年轻群体,只有理解消费主力的00后的商业逻辑,才能拥抱未来商业。

00后"反向消费"背后藏着商机

反向消费是一种新兴的消费观念和行为,它与传统的消费观念有所不同。反向消费是指消费者更加注重商品或服务的品质和性价比,而不是仅仅关注品牌、潮流或价格等因素。过去,消费似乎总是围绕"购买更多"和"拥有更多"的理念展开,但现在的年轻人正在主导一种新的消费方式,被称为"反向消费"。这是一种推动理性消费、性价比为王的革命,它以年轻人为主导力量。

反向消费,意思是现在的年轻人消费时更关注刚需、实用、性价比,开始涌进折扣店和平价消费场所,买东西时会货比三家,既要品质,也要低价。他们不再追求奢侈品或昂贵的物品,而是更加注重实用性和环保性。曾经的浮夸消费,大手大脚消费,正渐渐远去。

反向消费的特点包括购买二手商品、使用共享服务、以租代买、少吃甚至是不吃零食、不购买奢侈品。

反向消费的常见案例很多，如共享单车、二手市场、定制服务和社区团购等。

共享单车是一种共享经济下的消费模式，它通过提供租赁服务，让消费者可以在需要时使用单车，而不必购买和维护自己的车辆。这种消费模式不仅提供了方便和实用的服务，也减少了消费者的购车和养护成本，推动了理性消费。

二手市场又称旧货市场，是人们将闲置不用的物品集中起来进行交换、交易的场所或平台。通过二手市场，消费者可以以更低的价格购买到需要的商品，同时也可以减少浪费和环境污染。这种消费模式鼓励消费者更加注重商品的实用性和性价比，而不是仅仅追求新潮和品牌。

定制化服务是一种根据消费者的需求和偏好提供个性化服务的消费模式。例如，一些电商平台提供定制化的服装、鞋子等商品，让消费者可以根据自己的喜好和需求进行选择。这种消费模式提供了更多的选择和自由度，同时也让消费者更加注重商品的质量和实用性。

社区团购是一种以社区为单位进行集体采购的消费模式。通过社区团购，消费者可以以更低的价格购买到优质的商品，同时也可以享受集体采购的优惠和便利。这种消费模式鼓励消费者更加注重商品的品质和性价比，同时也为消费者提供了更加便捷的购物方式。

很明显，"反向消费"的出现，使年轻人的消费观念发生了明显的变化，不再依赖"贵才好""钱识货"的消费理念，而是对品牌提出了更多的要求。在"反向消费"模式的推动下，超高的产品品质、实用性、性价比等因素，有助于提高消费者的生活品质和幸福感，作用于年轻人需求的精神消费,这也要求品牌的营销与平台的经营策略顺应年轻人的消费趋势变化而变化。

年轻人消费观念的转变是不争的事实,他们开始对自身消费方式进行反思,并更注重真实的消费需求。这一改变,给消费市场带来了哪些变化呢?或者说针对反向消费的年轻人,又能捕捉到哪些商业机会呢?

首先,年轻人开始相信智能推荐。年轻人消费观念的转变得益于现在电商平台数字化技术的推动,它能够为消费者提供最佳选项,促使年轻人相信大数据推荐的产品,并逐渐依赖消费平台的智能推荐,进而加速了反向消费的兴起。

其次,市场高性价比消费渠道增多。数字化技术的推动,也促使电商平台需要根据消费者需求的变化而变化,通过建立"特卖专区""天天好价""付邮试用""百亿补贴"等主打低价/高性价比的消费窗口,体现了体验、性价比对市场消费的驱动。让个性化消费、品牌品质以及体验感俱佳的消费需求成了品牌未来的发展方向。

最后,抓住年轻人的反向消费偏好,还有一些其他方面的商机。

(1) 健康和健身:反向消费强调健康和健身,这为健身教练、健身俱乐部和健康食品企业提供了新的商业机会。消费者越来越注重身体健康和健身,因此这些企业可以通过提供高质量的健身课程、健康食品等方式,满足消费者的需求,同时也可以实现盈利。

(2) 学习和教育:反向消费强调学习和教育,这为在线教育平台、培训机构和图书馆提供了新的商业机会。消费者越来越注重学习和教育,因此这些企业可以通过提供在线课程、培训服务等方式,满足消费者的需求,同时也可以实现盈利。目前做得比较好的,如网易云课堂、慕课、哔哩哔哩等。

（3）智能家居和家庭安全：反向消费强调智能家居和家庭安全，这为智能家居设备制造商、家庭安全系统提供商和智能家居解决方案提供商提供了新的商业机会。消费者越来越注重家庭智能化和安全，因此这些企业可以通过提供智能家居设备、家庭安全系统等方式，在满足消费者的需求的同时实现盈利。

（4）绿色食品和有机农业：反向消费强调绿色食品和有机农业，这为有机农产品制造商、绿色食品供应商和农业科技企业提供了新的商业机会。消费者越来越注重食品健康和环保，因此这些企业可以通过提供有机农产品、绿色食品等方式，满足消费者的需求，同时也可以实现盈利。

年轻人回归理性的反向消费，会倒逼企业和品牌做出新的思考，不能再走高价路线，而是回归到物美价廉和贴近消费者生活为理念，用心做产品。未来折扣店会受到更多的喜爱。例如，物美、家家悦、人人乐等大型超市都纷纷开设折扣店。永辉、美淘等这些大型的购物超市也推出"正品折扣店"。

总之，未来的企业和品牌必须把心思用在让消费者享受到"花最少的钱，体验到最好的体验""人文关怀实用为上"等具有更高性价比的产品和服务上。品牌和购物中心想要抓住这一新的机会，就需要重新审视自己的定位和传播策略，并与年轻人建立更深入的互动，让他们觉得自己面对的不仅仅是提供产品和服务的供应商，而且是能够理解他们、支持他们、陪伴他们、懂得他们的伙伴。只有这样，品牌才能走得更远，才能实现长期发展并获得成功。

后记

在深入研究和理解00后这一群体的过程中，我们经历了无数的挑战。这一代人成长于信息时代，他们的思想观念、行为方式、价值取向都与前几代人有着显著的不同。通过本书的撰写，我们对00后有了更深入的认识和理解，同时也引发了各种思考和讨论。

首先，我们深入探讨了00后的成长背景和时代特征。与前几代人相比，00后生活在一个更加开放、多元、信息化的时代。互联网的普及让他们从小就接触到了海量的信息和多元化的文化，这使得他们的视野更加开阔，思维更加活跃。但同时，他们也面临着更多的选择和挑战，需要具备更高的适应能力和创新能力。

其次，我们关注了00后的价值观和行为方式。他们更注重个性表达和自我实现，同时也更加关注社会问题和公共利益。在社交媒体上，他们敢于发表自己的观点和看法，善于获取和分享信息。在消费观念上，他们更在意品质和个性化，同时也非常注重环保和可持续性。

最后，我们探讨了"00后"对商业模式的启示和影响。00后更注重体验和情感共鸣，对于传统的广告和推销方式已经失去了兴趣。因此，企业需要重新审视营销策略和商业模式，以满足这一代人的需求和期望。同时，企业也需要更加注重产品的品质和个性化，以满足这一代人的消费需求。

在本书的撰写过程中，我们参考了大量的研究报告和诸多专家学者的观点。在此，我们向他们表示衷心的感谢。同时，我们也希望本书可以为大家了解00后这一代人提供有益的参考和启示。

本书的写作过程并不易，其间遇到了许多思想观念等方面的挑战。首先，00后是一个非常多元化的群体，他们的成长背景、家庭环境、教育经历等方面都存在很大的差异。如何准确地描绘这个群体的特征和共性，是笔者一直在思考的问题。

其次，随着社会的快速发展和变革，00后的成长环境也发生了很大的变化。他们面临着更多的机遇和挑战，同时也承受着更大的压力。如何通过文字表达出他们的困惑、焦虑和追求，也是笔者一直在努力的。

最后，《新生代 新业态：00后时代的商业机会》这本书不仅仅是对一个群体的描述和记录，更是对未来社会的思考和展望。笔者相信，随着时间的推移，00后将会成为社会的中坚力量，他们的思想、行为和价值观将会对未来社会产生深远的影响。因此，笔者希望本书能够引起更多人的关注和思考，让全社会都来期待和关注这个充满活力和希望的群体。

参考资料

［1］年度国际物理奥赛中国队包揽前五，"00后"北大学子揭秘金牌如何炼成［R］.北京日报网.2020-12-18.

［2］人生赢家00后，比你想象中更野［R］.浪潮工作室.2021-03-30.

［3］从"90后"到"00后"：中国少年儿童发展状况调查报告［J］.张旭东、孙宏艳、赵霞.中国青少年研究.2017-02（107）.

［4］腾讯00后研究报告：00后来袭［R］.腾讯社交洞察、腾讯研究、体验设计部（CDC）.

［5］进取的00后——2019腾讯00后研究报告［R］.腾讯广告、腾讯营销洞察 & 腾讯CDC，2019.

［6］消费态度家 潮流推波者：2021 00后生活方式洞察报告［R］.人民网研究院、腾讯营销洞察（TMI）、腾讯用户研究与体验.

［7］90后来了：正在成为中坚力量的一代［R］.林洪泽.中国友谊出版公司设计部（CDC）.

［8］2021十大互联网文学，希望你永远不懂［J］.新周刊.2021-12-14.